王健林

万达广场的背后

周 璇◎著

一个
万达

让他拥有了常人
望尘莫及的财富

一种
广场

助他开辟了他人
无可匹敌的辉煌

台海出版社

图书在版编目（CIP）数据

王健林：万达广场的背后／周璇著. —北京：台海出版社，2015.12

ISBN 978 - 7 - 5168 - 0794 - 1

Ⅰ.①王… Ⅱ.①周… Ⅲ.①纪实文学—中国—当代 Ⅳ.①I25

中国版本图书馆 CIP 数据核字（2015）第 300274 号

王健林：万达广场的背后

著　者：周　璇

责任编辑：王　艳

装帧设计：张子航　　　　　　　版式设计：红　英

责任校对：陈　烨　　　　　　　责任印制：蔡　旭

出版发行：台海出版社

地　址：北京市朝阳区劲松南路 1 号　　　邮政编码：100021

电　话：010 - 64041652（发行，邮购）

传　真：010 - 84045799（总编室）

网　址：http://www.taimeng.org.cn/thcbs/default.htm

E - mail：thcbs@126.com

经　销：全国各地新华书店

印　刷：河北信德印刷有限公司

本书如有破损、缺页、装订错误，请与本社联系调换

开　本：710 mm×1000 mm　1/16

字　数：197 千字　　　　　　　印　张：17.25

版　次：2016 年 1 月第 1 版　　　印　次：2024 年 1 月第 2 次印刷

书　号：ISBN 978 - 7 - 5168 - 0794 - 1

定　价：58.00 元

前　言

2015 年 10 月的《胡润百富榜》显示，王健林的资产达到 2200 亿元，再次荣登中国首富的宝座。截止到 10 月，王健林今年的财富总额较去年相比增幅已超过 50%，这主要得益于万达上市后形势的一片大好，万达院线股价由上市初的 20 元/股到如今涨了 10 倍不止，万达商业地产的总市值更是高达 3000 亿港元。看来，现年 61 岁的王健林非但没有退休收山的打算，反而大有再接再厉、气吞山河之势。

对于王健林此次重回巅峰，胡润表示："王健林是一位转型成功的企业家。"众所周知，互联网这几年的迅猛发展给传统的经济模式带来了很大的冲击，有些企业抓住了这次机遇，迅速发展起来，另一些企业无法适应这种转变，逐渐被时代大潮抛在了身后。而王健林成功地开创了万达集团的产业转型，由传统的地产公司转变为商业服务公司，逐渐缩小地产类的收入比值，将产业扩大至商业、文化、金融、电子商务 4 个模块。

但万达并非单纯为转型而转型，也不是为了追逐利润。王健林说，一些公司看到互联网热马上投身互联网，过段时间发现文化热又改去搞文化，这样是不行的。一家企业要转型必须考虑基础设施、创新思路、人员结构等等，一定要根据自身的特点来"量身定做"，切忌盲目冲动。

谈到互联网，王健林一开始其实是拒绝的。早在 15 年前，互联网高速发展的势头已经被浇熄了一次，现在又重燃了起来。而这一波的互联网热潮更是来势汹汹，甚至出现了神化互联网的苗头。王健林却始终保持着理性的头脑，没有被这股热潮冲乱了脚步。对于新名词"互联网思维"，他说道："我认为根本不存在互联网思维，互联网就是一个工具，怎么可能出现互联网思维呢？"

2015 年政府工作报告中正式提出了"互联网＋"的概念。其中还提到，推动移动互联网、云计算、大数据、物联网等与现代工业的结合，促进产业互联网和电商的健康发展。互联网的发展打开了"万物互联时代"的入口，巨头们纷纷转型，投身电商圈，昭示着新的互联网时代悄然来临。

对于"互联网＋"的提出，王健林表示："李克强总理提出互联网＋这个词，我觉得我的担心消除了。"他认为，一个"＋"体现了网络与产业、虚拟与实际的结合，只有实现线上线下一体化，才能真正为互联网的发展，也为行业的长远发展寻找到出路。

那么，万达的"互联网＋"要"＋"什么呢？王健林曾公开表示，万达要做的是多元化的企业，目前的试水中，一些行业在实现线上线下的融合后都获得了不错的发展。在今后，"互联网＋电影"将把制作、营销与推广结合在一起，另一方面万达要做的是"互联网＋旅游"，致力于打造全国最大的旅游企业。

在过去 30 年中国经济的高速发展中，各种版本的财富传奇层出不穷，故事的主角也是形形色色。潮起潮落，能够一直站在财

就是募集资金来谋求更大的发展，使企业能够借众多"股东"的蛋来孵化小鸡。因此，很多人都将公司的上市之旅戏称为"圈钱之道"。不过，王健林却并不这样认为，在他看来，公司上市固然难逃"圈钱"的嫌疑，但是万达电影院线的上市，确实是为了得到更大的发展。

从王健林进军电影产业的短短8年来看，他之所以能够"凭空"树立起万达电影院线这一全新的品牌大旗，并在如此短的时间内就把其发展成为亚洲排名第一的电影院线，还收购了全球排名第二的美国AMC影院公司，又向好莱坞发起了挑战，关键就在于他懂得如何去运营。

尽管万达电影院线的成功，在很大程度上得益于万达在商业地产开发上的成功，但那仅仅是在万达电影院线有所行动的初期，万达电影院线要想得到更大的发展，实现走出国门，让世界认识它的"大梦"，就绝不能仅仅按照传统的思维理念来经营——要在发展的过程中不断创新，同时还要让自己的脚步跟得上那些全球性企业。

王健林认为，无论是万达电影院线，还是万达酒店，甚至是整个万达集团，如果想要走出国门，走向世界，成为全球性的一流企业，首先就要与世界500强企业接轨，让企业国际化，所以这才有了万达电影院线的上市之旅。

在很多人看来，股市的融资功能强，一旦公司上市，公司及股东都会从中获得巨大的收益，以致公司的上市之旅被这些人看作是制造亿万富翁的财富之旅。但王健林却觉得，这仅仅是一种表象，因为并不是每一家公司上市之后都能使自身的财富得到快速增长。

一家公司上市后，之所以能在极短的时间内因股票的大涨而带来财富，很大程度上是来自于股民或投资机构对这家上市公司的信任。这也就是说，上市公司有良好的信誉，有较高的持续盈利的能力，未来有较为宽广的发展空间与潜力，这些才是投资者真正关心的，也是致使投资者竞相购买其股票的最主要原因。而投资股票与做生意，从某种角度看是有相通之处的，企业决定进入某一行业，或是生产某种产品，与投资者投资某一股票的目的是一致的，并不是看重这种产品或股票的短期"利润"，针对的是未来的长期利益。

王健林进军电影产业，实际上同样是看中了中国电影业未来的发展，因此他才不惜花费众多人力、物力，全力向电影市场进军，并力争打造出一个东方的"好莱坞"。而他也深知，公司上市后会得到的好处——公司将成为社会关注的公司，这不仅会提升公司的知名度，还能为公司的品牌树立打下基础。

正是出于这样一种目的，王健林才筹划万达电影院线上市的。但是，很多人却对王健林此举心存不解——万达旗下有众多子公司，为什么却单单提出将万达电影院线上市呢？

当初，万达向证监会提出的上市申请中，包括万达电影院线和万达商业地产，但是从万达旗下的这两家子公司申请的进程来看，万达商业地产只是在其中做了一个"陪客"——申请呈送上去后，迟迟没有进展，而万达电影院线却不断传出新的消息。由此，外界才恍然间明白，王健林的目的是先推万达电影院线上市。

的确，力推万达电影院线登陆深圳中小板市场，是王健林的最终目的。可是万达并不缺钱，这就意味着王健林力推万达电影院线是为了扩大其影响，而对于王健林的好莱坞梦想而言，其能

万达"范儿" 1

上市这把火

万达集团官网于 2014 年 7 月发出公告，称根据中国证监会 7 月 1 日公告，万达商业地产 A 股上市因未更新申报材料已终止审核。万达商业地产宣布，在筹备 A 股上市的这几年中，社会各界给予了万达相当多的关注，对此万达表示感谢，还表示以后将更努力地致力于其他产业的上市。

历经 4 年多筹备上市，最后换来一纸终止审核公告，万达商业地产上市之旅未必是数量众多的等候上市的公司中最悲惨的，但这对王健林而言显然是个不小的挫折。

2010 年以来，万达一直在谋求上市机会。

最先启动的拟上市平台是万达商业地产，为了筹划上市，万达商业地产做了一轮股权私募，引入建银国际等战略投资者。不过从 2011 年以来，政府推出了针对房地产领域新的宏观调控政策，压缩针对房地产开发商的信贷，在资本上同样对房地产行业采取围堵，鲜有开发商能成功上市。

万达院线是王健林第二个努力推进的上市平台，不过由于和大股东之间存在复杂的关联交易，同时其盈利可持续性也存在疑问，证监会在 2014 年 7 月宣布中止审查。

万达旗下两个上市平台都出师不利，最终折戟沉沙，王健林对此自然十分失望。不过这也反过来说明，王健林并没有特别强大的政治资源，那些传闻中的"政商"资源似乎并没能起到多少作用。

出于对电影的热爱，王健林在进军文化产业时，将目光瞄准了中国的电影事业，加之其多年的从商经历，他在经营电影产业时拥有很多与其他"电影人"不一样的经营策略，故此他能在电影行业里取得不俗的成就，也就不足为奇了。

而在万达电影院线于国内初具规模之际，王健林还在不断加快他进军电影产业的脚步——收购美国 AMC 影院公司，建设青岛东方影都。这一切，都让人们看到了王健林进军电影产业的气魄，而就在万达收购美国 AMC 公司的协议签订前后，有一个消息一经从万达传出就震惊了世人——万达电影院线正在筹划和申请上市。

熟悉股市的人都晓得，在坊间有这样一句话："好的公司不上市。"这种说法自然有些片面，也反映出了早些年人们在思想上的保守，而从根本上来讲，一个企业寻求上市，最主要的目的

目 录

富顶端的人并不多见，而王健林又是如何一步步稳扎稳打，坐上中国首富的宝座呢？

　　王健林出生于一个红色家族，父亲更是一位参加过抗日的老红军，也正是因此，王健林对部队、对军人有着一份特殊的情怀。在他 15 岁时，他毅然离家到吉林参军，当时的他，是同批部队里年纪最小的"娃娃兵"，然而他并未因为自己年龄尚幼而与众不同，他不畏艰辛吃苦耐劳的坚强精神，让战友们刮目相看。

　　在部队中，王健林养成了迎难直上、从不退缩的性格，而也从那时起，他开始了对自己的充电，利用部队训练的闲暇时光，他如海绵一样不断汲取着丰富的各种知识。

　　时光飞逝，原本在部队发展得顺风顺水的王健林没有就此沉寂，在改革开放大潮席卷全国的过程中，他毅然脱下军装选择了转业。而也从这时开始，王健林的万达传奇也拉开了序幕。

　　经过近三十年的发展，王健林带领着万达集团披荆斩棘，从住宅开发、商业地产、足球产业，到影视院线、互联网＋，王健林从一个少不经事的小士兵，成长为了身价千亿的商业巨头，而万达也从原本负债累累、几欲破产的小公司，发展成为了如今享誉全球、硕果累累的跨国集团。

　　未来的万达到底会有怎样的变化和发展，让我们拭目以待。相信万达在将坚持、沉稳、创新、融合积聚于一身的王健林的带领下，必然能够继续腾飞，万众瞩目。

否实现，自然就与万达电影院线有非常重要的关系。可以说，这也是他在进军电影产业时首选电影院线的原因。

王健林借助自身商业地产的优势，很快在全国铺起了数量庞大的万达影院。在谈到未来发展时，他表示，万达影院在未来的发展方向将会重点锁定二三线城市。不仅是万达影院，万达的商业地产也遵循着这样一种发展战略。

针对地产而言，二三线城市的确有其明显的发展潜力，影院也是如此。此外，从占领市场的角度来看，未来的发展方向也是如此——饱和的城市很难有大的发展，二三线城市才是发展的重中之重。如果只结合王健林的这一发展策略，很多人都会认为，他是在提早布局抢占终端市场。

事实上也确实如此，其实不只是王健林，很多企业家都会想到这一点。但关键还在于电影院线并非人们意识中的一个个连锁影院，而是电影放映行业的一种垄断性体制。在这个体制中，当然是哪个电影院线拥有的影院数量多，哪个电影院线的影响才会大。

这里面还存在着一个很多人都不太熟知的问题，即当一个电影院线拥有了足够多的影院和一定市场份额之后，它便拥有了足够的话语权。这种话语权实际上就是一种垄断力量——拥有了这些后，电影院线公司就可以独自垄断某一国家或地区，甚至是某一电影制片公司的独家电影播放权。比如，好莱坞的某一家公司制作出一部新片之后，这家公司如果与东方影都签订了合作的合约，就意味着这部新片在中国的播放权会完全归属万达电影院线，而如果想在中国看这一部好莱坞新片，就必须去万达影城。

王健林深谙其道，所以万达电影院线一经成立，他便开始了极速的扩张。他这样做的目的只有一个，让万达电影院线强大起来，在国内实现"有人看电影的地方就有万达影城"的宏大远景。如此，任何一个国家、地区，或是电影制片公司的影片，想要进入中国，必定要与万达电影院线合作，毕竟当时当景，只有万达电影院线才能创造出更高的票房。而一旦万达电影院线与这些电影公司或是国家签订了协议，其产出的影片在中国的播放权就会具有排他性——只有万达电影院线才拥有电影的播放权。

虽然在外人看来，王健林进军电影产业的脚步有些匆忙，如收购 AMC、兴建东方影都、推动万达电影院线上市，可在王健林看来，这脚步非但不快，还有些慢了。当初，在收购 AMC 时，万达与其交涉了整整两年才达成协议；万达电影院线准备上市时，自万达向证监会提交申请那天算起，两年时间转瞬即逝，可还未能获准。

自信的王健林相信，万达电影院线的上市是迟早的事情，但他却丝毫不敢停下自己前进的脚步，因为他知道，要想早日实现自己的好莱坞梦想，让中国电影走向世界，必须时刻打起精神，毫不放松。

万达商业地产和万达院线的上市过程遭遇了一些挫折，不过无论是基于资金压力还是业务发展需要，这些业务板块分拆上市都将是王健林不可避免的选择。可以预见，王健林将会重新启动上市过程。而随着资本市场管制松动，上市报批制有可能转为备案制，这对万达这些业务板块而言，或许是一种"意外惊喜"。

正是应了"好事多磨"那话，2014 年 12 月 23 日，万达商业地产迎来期待已久的时刻，顺利在港交所上市，成为香港三年以来最大的 IPO（Initial Public Offering 首次公开募股），可谓风光无限。在敲钟前，王健林发表致辞，称主业在港上市是万达商业地产发展史上的里程碑，他由衷地感谢中国内地政府及香港特区政府的大力支持，和各界投资者对万达商业价值的认可。他同时透露了万达商业地产上市后，将定位于中国生活消费综合性平台提供商。

2015 年 1 月 13 日，万达院线也不甘示弱，对外发布公告，称拟发行 6000 万股，发行价 21.35 元/股，募资金 12.81 亿，成功在内地 A 股上市，完成了王健林的夙愿。接下来，万达将继续分拆上市，将万达旗下各子公司纷纷打造成上市公司，共同助力万达集团今后的发展。

一场财富争夺战已然拉开序幕，与提前上市的阿里巴巴相比，万达慢了一小步，但是激烈的竞争显然才刚刚进入白热化，让人拭目以待。

资产负债？不容小觑！

万达长期对外宣传：万达是一家以商业地产为主的开发商。根据王健林在 2014 年上半年万达会议中公布的数据，截止到 2014 年上半年，万达集团已经在全国 60 多个城市开发了 90 多个万达广场，形成了一个辐射一二三线城市的庞大商业地产王国。

万达的商业地产概念比较模糊，它不但包括万达广场商业街区，还包括写字楼、酒店和高档公寓，而高档公寓和一般开发商开发的住宅没有什么区别。根据公开数据显示，万达集团在 2010 年的总收入在 770 亿元左右，其中，万达商业地产以 661.4 亿元的收益占据了整个万达集团年收益的绝大部分。

根据 2013 年上半年的数据，万达的销售总额是 745.1 亿元，而商业地产的销售额是 567.2 亿元左右，占比依然接近 80%。因此这些年来，万达虽然一直标榜是商业地产开发商，但实际上住宅和商业楼宇的销售才是万达集团的核心收入来源。

2005年到2010年，以万科、保利、绿城等为代表的全国性开发商，主要聚焦在住宅地产，各自获得巨大利益，而万达绕开了这片商业红海，另辟蹊径，以万达广场或城市综合体模式在全国推进。那个时候，像万达这种模式几乎绝无仅有，与各个地方政府洽谈合作的时候，可谓是所向披靡。

但2009年以来，随着国家投入巨资刺激经济发展，住宅地产供应量增加的同时价格猛涨，远远超出一般民众的购买力，因此中央陆续出台各种宏观调控措施，尤其是限贷和限购等组合政策，使得住宅地产的成交量下行。

到了2012年以后，这种下行趋势更加明显，众多房地产企业都陆续进入商业地产领域，一时间呈现出群雄逐鹿的局面。一向标榜只专注于住宅地产的万科，也宣布要转型为城市服务配套商，试水商业地产，依托于万科的邻里社区店等商业形态，万科要将商业地产收入占比从5%上升到20%。

政策的开放，使得商业地产的发展势头越发强劲，前景越发美好，于是，各路兵马纷纷杀入"商业地产圈"。除此之外，住宅限购政策的出台，也让投资商们不得不加大了在商业地产上的投资。2010年之后，商业房地产的投资增长速度迅速提高到了30%。更有数据表示，整个2011年，中国排名前20的房地产商无一例外全部进军商业地产领域。

对万达来说，商业地产泡沫带来的冲击是多重的，首先是万达综合体的模式不再是独此一家，在与地方政府谈判的时候面临越来越多的竞争压力；同时大量入市的商业地产对万达的招商、租金等都会形成冲击，万达商业地产的价值受到折损；而商业地产供应过剩也直接影响了万达开发的商业地产的销售速度，对万达的资金链和利润率构成冲击。在万达快速发展过程中，王健林强悍的融资能力一直是万达的核心动力之一，而社会上对万达资金链安全的质疑之声也一直没有停止过。

在2005年前后，由于房地产开始第一轮宏观调控，开发商普遍资金紧张，万达集团与投资机构以私募形式进行了融资，与麦格理在2005年完成的9项商业物业的24%股权转让，涉及金额高达32亿元。2009年以后，万达与西安国际信托、中诚信托以项目信托的方式进行了一轮融资。而在2010年左右，为了配合万达商业A股上市进程，万达与建银国际等战略投资机构进行了股权私募，具体金额大约是10亿元。

当然，万达每开发一个项目，都会把各种融资渠道充分利用起来，这其中包括土地抵押贷款、项目贷款、经营性贷款、供应商垫资、物业销售、信托融资等，地方政府在和万达谈判时，也往往会承诺在金融资源方面给予支持。

在抵押贷款方面，万达尤其具有一般企业无法比拟的能力。万达部分项目的抵押贷款比例，往往远超项目估值本身，比如一个估值仅为1个亿的项目，甚至能获得5个亿的抵押贷款。对万达来说，为开发一个项目所需要的资金，自身投入的资金大概只有20%左右，剩余的都是利用多种渠道融资完成。这种融资杠杆工具的极大化利用，使得万达扩张速度远远高于一般企业。

万达的资金链来自"盖房——抵押贷款——继续盖房——继续抵押贷款"的模式，万达项目的推进速度，也使得这种高杠杆融资方式能发挥更大的效力。项目的快速启动，包括土地权证的获得，可以快速通过抵押贷款进行融资，而快速的建筑速度，对建筑商来说，也可以减少资金垫付的时间成本，通过住宅和商业楼宇的快速销售，可以迅速获得资金回款。

随着政府加深对房地产行业的调控以及银行信用贷款的收紧，房地产整个大环境面临越来越紧张的资金问题。对此，万达采取的措施是，通过发行信托进行融资，并将办公楼与酒店的装修项目进行外包，或者出售项目股权的一部分。

由于万达不是上市公司，万达内部的资产负债表还不是很透明，但随着万达的扩张，其资产负债率不断攀升。根据公开资料显示，2009 年，万达总资产约 741 亿元，负债约 688 亿元，负债率为 92.8%，净利润约 26 亿元；2010 年总资产增加了 673 亿元，负债率为 90.5%，净资产为 134 亿元；2011 年总资产增至 2030 亿元，净资产 205 亿元，负债率为 89.9%；2013 年，万达集团资产总额已经达到 3800 亿，通过资产兼并、新投资项目，万达的资产膨胀速度十分惊人，而负债率也必然同步扩张。

与资产高增长同步，万达的负债水平也一贯高位，但是净利润增幅却远远跟不上资产的膨胀。收益过低，成了万达无法掩饰的隐忧。资产规模不断扩张，资产收益率却在下降。这种高杠杆扩张模式的风险是——当货币流动性收缩的时候，企业将面临非同寻常的风险，金融市场上的风吹草动都将给万达的资金链安全带来冲击。

更重要的是，经济周期将会显著影响万达的融资能力，因为那个时候，抵押估值会下降，市场流动性会大幅收缩，银行给予的授信额度会名存实亡，即使能融到资，融资成本也会大幅提高，这是万达面临的最重大的战略风险。

融资和投资

在王健林刚接手大连西岗区房产公司的时候，他就以近乎高利贷的利率，通过在金融系统工作的战友融到巨资，赚到了第一桶金。而在万达改制过程中，万达集团从国有企业变成私有企业，王健林也充分利用了当时的金融资源，才能顺利实现股权转换。

在20世纪90年代，金融体制还处在高度管制状态，金融资源基本掌握在国有银行和国有企业手中，民营企业很难获得信贷资源，而王健林在20世纪90年代成为大连开发商中的巨头，证明其已经把金融资源运用得得心应手。

万达的全国扩张过程也是其颇具霸气的融资能力的展示过程。万达作为全国房地产金融改革的试点企业，享受"绿色贷款"通道。全国所有的房地产企业中只有万科和万达享有这种待遇，"绿色贷款"意味着单笔贷款在5亿元之内无需审批，两三天便可以批款。

万达作为全国性的大型企业集团，在中国主要的银行金融机构，包括中国银行、工商银行、建设银行、交通银行等都获得了巨额授信。万达与农业银行、中国银行和工商银行的总行均签订了银企协议，这份协议能够保证其在该商业银行各地各分行的贷款，将无需再履行基本的信贷逐级审批程序。

事实上，万达集团很早就有创新的融资方式。万达集团最早和渣打银行合作，推出了租约抵押贷款，在2002年、2003年就与东亚银行等合作过经营性抵押贷款。

站在万达集团融资的角度来说，接下来最重要的戏码应该是万达金融集团。王健林曾经在公开场合明确表示，万达不参与创办民营金融企业，个中原因外界不得而知。当然，以当时万达的资金需求体量来看，必须和国内主要银行合作来获得融资，通过培养业务口径极小的民营银行来扩展融资通道，这大概是吃力不讨好的事情。

不过随着金融体制的逐步放松，国内民营银行热潮涌动，而互联网金融开始快速成长，腾讯、阿里巴巴等都开始涉足金融领域，金融版图正在发生重大变化。在这个背景下，万达集团不能无动于衷。

从2014年万达集团上半年工作报告来看，王健林改变了思路，万达集团将在2014年第三季度成立万达金融集团，万达金融全权负责今后万达所有的股权操控及金融投资。在王健林眼中，万达金融集团的成立是万达进行企业转型的必要一步，也是万达打造的新支柱产业和新利润增长点。

这份报告中还显示，继成功成立一家注册资金超100亿元的投资公司之后，万达还在申报一家投资300亿元的财务公司，可见万达投资金融行业的计划正在有条不紊地进行。王健林说："2013年开始，万达就有计划地进行了资金准备。2014年下半年万达将逐步展开金融业务，在多个金融行业进行投资。万达还正在与一些国外金融机构接触，一到两年内在海外金融产业方面就会有大动作。"

王健林不只一次提到人才对万达的重要性，在他看来，万达转型最关键的问题还是寻找人才，他称："这就是我老讲的一句话，人就是一切，人就是事业。能否搞好金融产业，关键不是审批，不是资金，而是人才。"因此，王健林不惜重金将原中国建设银行投资理财总监、投资银行部总经理王贵亚招致麾下，任命他为万达集团高级副总裁，还委托其筹备万达的金融产业。

正在组建的万达集团金融板块主要由三部分构成，分别是投资管理公司、财务公司、资本管理中心。

投资管理公司主要涉及两部分业务。一部分，投资与万达主营方向不同的行业，主要集中在投资前和投资后管理；另一部分，投资与万达主营方向相关的行业，仅限于投前管理，以及并购重组项目结束后提交给资本管理中心管理处置。资本管理中心是万达集团金融板块的重要组成。

一切皆有可能，万达集团在金融领域正蓄势待发。

作为初步动作，不排斥万达会入股或收购某些城商行或者中小型银行。万达金融板块未来的起伏，很可能决定着万达的命运。

内地资本市场阻力重重，王健林的目光自然发生了转变。2013 年，万达集团在香港收购了原名为恒力地产的一家壳公司，把部分资产注入后，改名为万达商业地产，这为万达融资打通了另一个通道。万达作为全国最大的商业地产商和亚洲最大的电影院线运营商，凭借其良好的口碑以及赢利能力，在债券市场的融资能力逐步加强。

2013 年，万达商业首次为万达集团发行海外债券，势头强劲，受到了国外投资者的积极响应，此次共发行了 6 亿美元的 5 年期美元计价债券，并得到了 27.6 亿美元的超额认购。2014 年，万达再接再厉，继续发行 10 年期的美元计价债券，共计发行 6 亿美元，而认购额是预期的 5.5 倍。两次成功发债，为万达的现金流提供了重要保障。

　　王健林积极谋求国际发展，迄今为止，万达集团已经计划在伦敦、纽约、芝加哥、西班牙等地投资兴建万达广场，王健林还收购了英国的圣汐游艇公司，根据规划，万达集团每年将推进2~3个海外大额投资项目。

　　无论从产业布局来看，还是从融资便利性来看，万达的国际化进程都有利于分散风险，完善原来的商业模式。不过，随着王健林的海外资产越来越庞大，国际汇率风险也将如影随形。比如万达集团几十亿美元的负债，在未来数年就隐含了巨大的汇率风险。各国货币政策的变化，会引发国际资本流动变化，原来人民币对美元的升值压力已经减轻，从公众预期来看，在未来数年内，人民币的贬值将是大概率事件，而这将给拥有外汇资产负债的企业带来显著影响。

　　2014年上半年，人民币兑美元开始贬值，最高贬值幅度达到2%，国内一些拥有大量美元债务的航空公司，包括中国国际航空公司、中国南方航空公司、中国东方航空公司等主要以外债为主的数个航空公司，都因为汇兑损失而导致利润大幅度下降。

　　万达集团的债务结构和这些航空公司不同，但随着万达国际化征程的持续迈进，万达的外币负债自然水涨船高，而随着美联储退出定量宽松政策，美元加息脚步的临近，以美元计价的外债将成为众多中国企业的沉重负担。万达集团要么通过投入更多的资金，运用金融衍生工具来锁定外汇变化风险，要么就处在更高的风险中。

　　在国内商业丛林里异军突起的万达集团，如何在国际化环境中规避商业风险，确保投资回报率，同时在瞬息万变的国际市场从容游弋，只有时间才能告诉我们答案。

亿元赌约

从 1988 年下海，到 2013 年成为中国首富，王健林用了 25 年时间，不过首富带来的光环并不足以让王健林高枕无忧。随着经济环境的演变，万达必须面对新的竞争，而最严峻的问题则来自以电子商务为代表的商业形态的变化。

这股冲击波，通过王健林与马云那个著名的"亿元赌约"而广为人知。

2012 年 12 月 12 日，中央电视台中国经济年度人物评选的现场，马云与王健林同台。彼时的马云刚刚在过去的"双十一"斩获了超过 190 亿元的营业额，让世人感受了电商所蕴含的巨大能量。而王健林亦是收购了当时排名世界第二的电影院线——美国 AMC 院线，他发出豪言：万达进入的领域，都要做到国内第一，甚至全球第一。

在嘉宾的提问下，王健林与马云二人现场进行了一场辩论，主题就是围绕新兴的电子商务是否能够替代传统的实体销售。在自信"电商会基本取代零售行业"的马云面前，王健林并未示弱。他订下赌约："到 2022 年，10 年后，如果电商在中国零售市场份额占到 50%，我给马云一个亿。如果没到，他还我一个亿。"一时间，亿元赌约沸沸扬扬。

电子商务的兴起，深刻地改变了中国的商业版图。根据工信部的数据，截至 2013 年年底，中国电子商务交易总额已经超过 10 万亿元，网络零售市场交易规模达 18851 亿元，同比增长 42.8%。这其中，阿里巴巴集团的淘宝和天猫、京东商城、苏宁易购、腾讯等都已经成长为电子商务的巨头，而服装、鞋帽、图书、酒、食品、家具等各类垂直门户网站也快速崛起。

80后、90后的购买习惯已经发生了非常显著的变化，网络购物成为一种基本的生活形态，电子商务已经跨过临界点，从过去一种局部经济现象扩展为全局性的经济现象，从流通业扩展到制造业，进而扩展到服务业和金融业。故此，它对经济的影响是全局性的、根本性的。

正是在这种背景下，王健林和马云关于电子商务的赌局才吸引了那么多的关注，赌局背后，是两种不同的商业力量在较量，是两种不同的思维在博弈。面对电子商务来势汹汹的浪潮，王健林并非没有思考，他在接受《华西都市报》的采访时说，所有的新方式都是对传统方式的促进，可新方式的出现，却并非意味着所有的传统产业将不复存在。"电商发展很快，但是别忘了传统零售也在做大蛋糕。这不是切蛋糕的思维，你切掉别人就没有了。"

从消费者的角度看，网购的人也经常去逛商场。"电商和传统零售并不是非此即彼，任何一个新的模式不可能完全灭掉以前的经营模式，我们都会赢。"

他在2013年底接受凤凰网"总裁在线"栏目采访时，曾提到自己对于改变传统零售业布局的考虑早于感受到"寒流"到来之前。

"万达在6年前就有一个规定，就是体验性消费要占50%，那个时候还没有什么网购，是为了留住人气。"王健林希望万达广场今后不能只卖东西，而是要增加体验性消费。"体验性消费的一个特点是滞留时间长。吃饭，一个点，看电影，两个点，再去洗个脚理个发时间还要更长，拉长滞留时间，来增加体验性消费。"

2012 年，万达提高了对这一要求的目标，要求旗下卖场 3 年内，将体验性消费提高到 60%。"这样，纯粹买卖类的消费下降，这样的一个好处是，增加整个商场的黏度，吃喝玩乐都有。"

的确，王健林的说法不无道理，再怎么说，像修鞋、捏脚、掏耳朵这类行为，是不可能被网络替代的，传统商业形态自然有其存在的价值。即便是电子商务高度发达的美国，网络购物占零售总额的比例也不过 10% 左右，马云认为到 2022 年，电子商务零售总额比例将超过 50%，那几乎是天方夜谭，这个赌局，王健林的赢率更大。

不过，这个赌局所昭示的，却是万达商业模式所面临的结构性风险。不管怎么说，当越来越多的交易通过网络进行，这对万达旗下的商业地产都不是好消息，即使像修脚、掏耳朵这种消费行为无法由网络替代，其信息搜集和订单确认过程却是可以被替代的，商家完全可以把服务网点设立在租金低廉的区域。因此，作为传统商业形态的百货，通过对商品的分类和统合来聚集商业人气的做法，正在一步步失去价值——万达通过餐饮、院线等聚集人气，然后再把人气衍生到其他商品店面的思路，也正在失去其价值。

面对来自电子商务浪潮的冲击，王健林必须应战，万达必须跟上电子商务这个革命性的潮流。以万达现有的资本体量，其可以承受更多的试错代价，但如果错过这种商业模式的转轨，将彻底冲击"万达模式"的价值基础，对万达旅游、文化等板块构成重大冲击。正如某些媒体评论，王健林可以失去赌局，但万达不能失去天下。

万达集团早就开始布局应对这个冲击波。

2012 年，在订立赌约的当月，万达就开始了万人招聘，高薪猎取电商人才。普通工程师年薪 38 万元，主任工程师年薪 90 万元，平台技术部总经理的年薪高达 110 万元。万达电商声称，除了马云和刘强东，其余人都可以挖到。随后，阿里巴巴国际交易技术资深总监龚义涛加盟万达电商。

2013 年 9 月，万达电商首次亮相。3 个月后，万汇网与 APP 上线。12 月底，万达开始在旗下 6 个广场进行电商试点。截至 2014 年 3 月，万达电商业务进入全国 11 座城市的 20 座万达广场。

万达电商的定位，不是淘宝，也不是京东，而是完全结合自身特点的线上线下融为一体的 O2O 电子商务模式。所谓 O2O，即将线下商务机会与互联网结合在一起。在王健林的心目中，购物最重要的是体验。

"在饭店吃热腾腾的饭菜和打包好、2 个小时送到家里的感觉是完全不同的，除此以外的一些休闲消费，比如说足疗、按摩等也很难依靠网络实现。"王健林希望万达可以解决虚拟网络的局限性，通过在线和离线模式，将销售贯穿在现实生活与虚拟网络之中。除此之外，进驻万达广场的商户，也可以借助万达电商的帮助，实现线上和线下的同步销售。

除了 O2O，王健林还极其重视通过电商建立起属于万达的"大数据"。根据他的估计，2015 年大约有 140 个万达广场，年消费者将超过 20 亿人。这些人是什么人，处于怎样的年龄段，他们的消费习惯如何……这些问题，当前的万达似乎很难回答。而通过电商显然可以帮助万达构建起一个覆盖面极广的数据库。

万达意在将旗下的所有业态，包括商场、院线、酒店、度假区等，共同为"大会员制"的电商平台服务。例如，在万达广场消费过的顾客，可以享受积分数额 1% 或不等的兑换消费货币的权益。而万达的会员更可以在所有的万达广场，乃至万达旗下的各种业态，享受等同于货币的积分消费。

订立赌约整整一年以后，王健林在接受媒体采访时，表示将放弃赌约。他说，当时的赌约是应节目组要求，为了活跃气氛而立的。赌约虽然是玩笑，但王健林当时说过的"向马云学习"，却有条不紊地进行着。

显而易见，万达对于电商的寄托，也反映了其在高速扩张时代的隐忧。

电商之旅

2012 的 9 月底的万达年会上，王健林就表示，万达广场的客流量平均增幅掉到了个位数；万达广场销售的产品单价也在下降，表明消费者的消费意愿出现了下滑。同时，万达的迅猛发展，也使得很多品牌商家感受到压力，有些似乎跟不上万达广场的脚步。

与其付出更多的成本去开设新的店面，有些商家更愿意提高原有店面的盈利能力。电商，给高速扩张的万达，提供了一个整合内部资源、服务、推广、数据的绝佳平台。但是，万达的电商之路，走得并不顺利。

2014 年 3 月，原万达电商 CEO 龚义涛离职，COO 马海平也于 7 月初辞职创业。龚义涛曾在离职后接受媒体采访时表示："在万达，通常先是用 PPT 的模式向领导请示汇报，所有的事情都需要领导批准才能做。我们互联网企业出身的人没有这个习惯……公司的管理上，互联网企业是扁平化的管理方式，极少有类似行政命令的情况。"

万汇网的页面上，只包含万达广场的品牌及商业活动的介绍，虽然涵盖的项目众多、内容丰富，但仍然不能提供在线购买功能，仅能够下载餐饮、服装、休闲娱乐等优惠券，不支持线上下单——其线上线下的联动性显然没有真正体现。

长久以来，万达电商的模式依然止步在"薄利多销"的营销层面，本质上还是以低价来吸引消费者。

同时，万达的各个业务之间，体系相互独立；万达广场之间也是各自为政，在资源、服务、数据互通方面都存在难度。万达电商作为万达内部的一个全新平台，如何整合巨大的资源，无疑是一个问题。在此之前，也没有任何能让万达这样的商业巨头借鉴的成熟模式，万达只能摸着石头过河。在已有的电子商务巨头各自占山为王的今天，万达进入电商领域实在太晚，品牌的建立可谓困难重重。万汇网上线接近两年，至今默默无闻。

而万达虽然有丰富的线下资源，但在互联网和移动互联、在线支付领域，经验几乎为零，这也是制约万达电商发展的重要因素。公开数据显示，全国零售企业百强中，有接近60家开展了电商业务，可运营情况均不理想。王健林并不希望万达电商永远如此。

2014年7月17日，万达集团董事长王健林在半年工作会议上作报告，决定重振旗鼓，投入巨资升级万达电商战略，给原本就烽烟四起的电商战场抛下了一枚重磅炸弹。

在这份手写的工作报告中，"电商"一词被提及多达28次。王健林称：将联合中国最大的几家电商成立万达电商，首期投资

50亿元，争取在3年的时间内，寻求一条适合万达的电商之路。王健林并不急于在这段时间内获得收益，而是更看重万达电商的发展前景，他希望大家一提起万达电商，就立刻联想到真正的O2O。

豪掷50亿，无疑凸显了万达电商在前两年出师不利之后的痛定思痛。王健林在半年工作会议上提出"全力发展电商"，"所有网上资源全部给电商公司。这不是要求，而是纪律。""要尽快把万达电商推向市场，要让大家看到万达电商的企业形象。""找到盈利模式。""放手让电商发展。"

如同立下军令状一般，王健林这一回对电商势在必得。按照他的预计，2020年，万达要形成不动产、文化旅游、金融、零售、电商五大业务板块。而按照目前的发展态势来看，用王健林的话说，不动产在2014年就可以做到"世界最大，客气点说是最大之一"。

王健林认为，万达的文化旅游不久之后便会产生全球性的影响力，金融产业的迅速发展自然不在话下，而万达零售也会在并购的道路上获得长远的发展。在前四个板块基本靠谱的情况下，电商成了发展的重中之重。

前景远大，但王健林坚持不懈追求的依然是做出万达的O2O。然而，过去的O2O也的确鲜有成功案例。毕竟，O2O不只是物理层面上打通线上线下，更是从深层次去实现线上线下的渠道、数据和服务的缔结，即没有所谓的线上线下之分，所有的顾客都是属于公司的。不过，万达依旧面临着各自为政的局面，已有的支柱产业已成气候，如何让一个崭新的部门统率全局，利益的分配又将如何达到平衡呢？

也有媒体称，王健林做电商，其实有着更长远的打算，万达电商的背后隐藏着更大的利益版图：它正在尝试创建一套全新的积分系统来替代以往单一的货币交易，形成全新的"万达消费体系"。因为万达的POS（Point of Sale 销售终端）系统是自建的，如果线上线下可以打通，并且让消费者和商家习惯了通过万达的积分体系进行消费，那么万达就可以将积分发展为消费货币，建立起和人民币的通兑规则。而王健林本人也曾提到，万达各系统都不得私发银行卡，待时机成熟，万达将要投资一家银行。

王健林给万达电商三年时间，这三年里，万达电商必须找到盈利模式，即使没有找到盈利模式，也必须要找到盈利方向。王健林并没有打算单打独斗，他声称，接下来将联合中国最大的几家电商，那究竟将与谁强强联手呢？

在万达开始电子商务冲刺之际，已经在电子商务世界确立领导地位的马云也没有闲着。阿里巴巴早已联手银泰百货，试图打造一个O2O领域的开放平台，全面打通会员体系、支付体系，实现商品的对接。

2013年5月，阿里巴巴集团、"三通一达"（申通、圆通、中通、韵达）及相关金融机构共同投资创立了"菜鸟网络科技有限公司"。菜鸟网络以打造中国智能物流骨干网为名，在全国多个城市低价圈地，试图打造一个社会化和开放化的物流体系，旨在解决电子商务的物流瓶颈，带动整个零售业态的进一步网络化。对这些巨头来说，追赶商业形态的变化，确立领先者地位，几乎是必然的。

马云动作迅速，王健林也迎头赶上。2014年8月29日，万达宣布将与百度、腾讯共组电商公司，三家公司对"万达电商"

的首期总投资高达 50 亿元。其中 70% 的股权握在万达手中，百度、腾讯各占 15% 。

由此可见，阿里巴巴和万达这类几乎从完全相反方向出发的公司，或许将在商业丛林的某个地方狭路相逢，展开一场激烈的竞争。

人们不会怀疑王健林迎战电商冲击的意志，而王健林不停念叨的 O2O 模式，能否穿越大浪潮冲击下的商业迷局，尚且未知。

2
大佬之"光"

红色之家

登顶中国内地首富宝座的王健林，其出身背景也开始被"摸底"，许多人都将注意力放在了他的家庭背景上，各种版本横空出世。最让外界感兴趣的，莫过于王健林的父亲王义全。王义全是一位农民出身的老红军，参加过长征和八年抗战，但对于他退伍后的身份，从四川省委的组织部副部长，到西藏自治区的副主席等等，众说纷纭，莫衷一是。

王健林极少承认或否认这些传言，他无意的三缄其口，反倒助长此风。外界对其家世的种种猜测，一直伴随着他的万达帝国的成长与发展。

事实上，王义全绝非传言中的副厅级高官，他始终都在县团级单位大金县（后改名为金川县）森林工业局供职，担任副局长，是副处级。

虽说没有传言中那样位高权重，可王义全顶着"红小兵"头衔，1930年北上、1949年胜利回归家乡的荣耀时刻，他都有幸参与。在"红小兵"群体中，他的职位的确不高。

自1958年开始，在大金县森林工业局任职的王义全，威望颇高，远胜局长、书记。他没有官架子，很受员工敬重，而他那每月80块钱的工资，也着实让不少人眼红。从1956年起，全国实行工资制度改革，自然条件、物价、生活水平、工资状况都成为衡量标准，那时全国分为11类工资区，多一级多两块钱。大金县属于九类区，工资基数高。县上的大学本科生每月可以拿到60块钱。在县里，工资最高的是县委书记、武装部政委，之后就是王义全。

王家始终吃得饱饭，这在那个年代简直是天大的好运气。他还有多余的钱和精力去关心一些农村穷苦孩子。当时还是学生的李洪友和他的朋友们，没少吃王义全买的冰糕和糖。他形容王义全是个很好的"老头子"，活跃、爱开玩笑、非常和善。

川人喜欢聊天，茶余饭后摆摆龙门阵。王义全喜欢和职工子弟讲述自己"打鬼子"的经历。他会给李洪友买冰棍儿、啤酒，拉去自己家喝茶，顺便找来一堆听众，向他们仔细地描述怎么拼枪、拼刺刀。大金县几乎每个人都知道：王健林的爸爸是个老红军，是打日本出身的。

王义全是一个有着坚定红色信仰的老红军，他常教导前来听抗日故事的学生们要热爱祖国、热爱党，将来如何建设祖国。李洪友和他的朋友一度觉得王义全太老旧了。

　　王义全的这种特质，也影响着对儿子们的管教，他总是很严厉，喜欢把努力、好好学习、有机会要多读书、去当干部挂在嘴边。军队干部出身的他，说话直接、干脆。

　　父亲的威望给年幼的王健林带来一丝骄傲感，火热年代里的人们，对红军老战士的崇拜和仰视，使王健林在父亲的庇荫下也得到了同龄人的拥戴。在比王健林大几岁的玩伴陈志阶看来，很多小孩都围着他，希望通过他认识他爸爸。

　　1953年元旦，王义全完婚，媒人是区委书记，妻子是秦嘉兰，她比王义全小18岁。组织介绍的婚姻让秦嘉兰十分满意，她嘴边常挂着的一句话即是：他什么都由我做主，一辈子没有欺负过我。

　　秦嘉兰识字，自然担起了教育儿子的责任。早年，她的家境不错，可因父亲吸食鸦片，卖了房子、田地，最后甚至要卖妻女，秦嘉兰的妈妈偷偷地把女儿背到山上的庙里去住。

　　山上的那座庙叫"上清观"，庙里成立了小学，秦嘉兰每天早上上学时，会给学生们打开两道山门。得益于住在学校的便利，她便有机会读书识字。老师也很照顾这个住在庙里的小姑娘，把别人读过的书拿给她。读古书、读新思想，日子长了，聪明的她进步神速，最终成了新中国成立后苍溪县石门乡第一任女乡长。

　　20世纪50年代，王家举家迁往阿坝州的大金县城，秦嘉兰觉得这是一件幸事。"外面都在饿死人，我们还能一个星期打一只兔子吃。"大金县有不少荒山，无人看管。为了改善生活，秦嘉兰只身一人过铁索桥"以启山林"，种菜、养兔，不输须眉。

　　后来，每每回忆起上面长着叶子、下面长大萝卜的苏联甜菜，80 多岁的秦嘉兰都显得异常满足，两三斤一个的萝卜可以满足全家人的需求。"皮刮了，切成条，炒成萝卜干给娃娃吃，娃娃们吃得好甜。"上面的叶子老了还可以喂兔子。

背靠着与外界隔绝且资源丰富的高原地区，加上母亲的劳作、父亲优越的工作待遇，王健林的童年生活过得格外滋润。

王健林是一个红色家庭成长起来的商人，在他童年的生活中，革命、信仰、军人做派对他影响巨大。他的万达集团，以高效的执行力和严格的纪律著称，他见识过政治摧毁一切的力量，也明白它能赋予个体强大的优势和荣誉感。他站在红色原点，16 岁那年，选择和父亲一样，用参军的方式改变命运。而不一样的是，他没有满足于此，在离开家乡 16 年后，他又跳出了给了他荣誉和机遇的部队，脱下军装，成为商海弄潮儿。

翻越"父业"

童年时代的王健林不仅是家里的长子，也是小伙伴中的"土匪头子"。这样的身份，给他日后的管理能力提供了最早的锻炼，从不足 10 人的孩子堆，到超过 10 万人的员工团队，他都领导得有声有色。

但谁也不知小小年纪的他是否就已有了要闯出一片天地的雄心，也没人发现幼时的他是否有野心，不过至少有一点可以肯定——他离商业化的世界十分遥远。自小，他与家人生活在宁静悠然的小城之中，远离大城市的喧嚣与纷扰。

在大金县森工局总务股工作的王义全，负责发工资、制工资表、发办公用品，秦嘉兰则忙于日常工作，晚上还要去地里开荒。

王健林身为家中长子，很早就成为父母最得力的帮手。繁重的劳动模糊了孩童和青年的界限，与大多数同辈人一样，王健林也早早地承担起了家庭责任，并获得了超越年龄的历练和成熟。

秦嘉兰总是不厌其烦地念叨，王健林是家中老大，下面还有4个弟弟，弟弟们都听他的。若是依照老传统，即长兄为父，故此他身上担着更重的担子。

王义全工作安稳，收入不错，可也只是让家人衣食无忧，因而当夫妻俩外出工作时，家里的琐事便都交给王健林处理。

王家的5个儿子从小就是家里的劳动力，老大王健林，下地干活时最卖力，秦嘉兰深感安慰，觉得大儿子给弟弟们做出了表率。同时，他还担起了照看弟弟们写作业的责任。

后来，老年的秦嘉兰对很多陈年往事的细节记不清楚了，却仍不忘强调，能过上舒心的日子，多亏了大儿子。王健林曾和母亲开玩笑说："谁让你给我生了那么多兄弟？"

在青春期到来前，王健林完美地演绎着"长子"的角色，这种长时间的领导身份，也让他在外成了"孩子帮"的老大。

"他是个匪头子，是一群孩子的头。"在四川话中，若用"匪头子"形容一个孩子，则说明他不受约束，思维开阔，这也恰证明了另一句四川老话——"循规蹈矩在屋里头的娃娃没出息。"

少年时的王健林，独立、调皮、有想法。男孩们之间打闹时，他爱做头领。

森工局的院子大、环境好，适合精力过剩的男孩们打闹、追逐。王健林和贫乏年代的其他男孩一样，经常玩的不过是捉迷藏、爬树、打弹弓这些便宜可得的游戏，但他带着弟弟和同龄人一样玩得不亦乐乎。

与众多森工局职工子女一样，到了上学年纪的王健林进入了大金县东方红小学。东方红小学是阿坝州数一数二的学校，校风严谨。除了语文、数学两门主课，学生们还要学习美术、音乐、体育等课程，业余活动也很丰富，画画、野营、爬山，忙的时候下地、帮农民捡麦子也占据了大部分课外活动的时间。

小学时代的王健林并没有特别出格的举动，只是一直在班里当班长。王健林喜欢打篮球，虽然日后的他与另一项运动——足球渊源更深、更久。他时常在比赛里展现出好斗的特质，但终究只是个娃娃，并没有太突出的表现。

小学毕业后，他升入当地唯一一所中学——金川中学，这是一所教学质量在当地首屈一指的初中，师资力量值得称道，本科、专科毕业的老师占了近1/5。

王健林在大金共接受了7年的教育。此后，正逢森工局内部招收职工子女到营林处工作，自此王健林走出学校，成为运林队的职工。那时，城市的孩子多不愿屈身前往，招来的工人多来自农村，王健林在其中很能吃苦。

王健林被分配到了马尔足运林队。森工局工人的生活十分规律，7点钟起床，7点30分讲安全，8点钟上班，晚上5点钟下班。上班、下班要走1个多小时的山路。在马尔足的日子里，王健林住在林场的瓦片房里。远在山沟沟里的马尔足，离大金有近10公里左右的路程。从本部去马尔足，要先走四五公里公路到沟口，接着爬三四公里的山从沟口到运林队，这大概需要4个小时的时间。逢上运气好，王健林能在路边搭上顺风车，运气不好时，就只能用一双脚"丈量"了。在这里，他每个月可以拿到三四十块钱。

王健林的主要工作是栽树，在林业工人里，这算是一个不太辛苦的活儿，每天发 100 棵小树，栽完下山。

除了栽树，王健林还干过另一项更为艰苦的工作——烧炭。把木材砍成一节一节，放在炭窑里烧，接着出炭，封窑。一趟活下来，周身乌漆麻黑，烧好的炭抱去挨家挨户送给职工。

十五六岁的王健林，在从事同样工作的同事看来的确不同于同龄孩子，每天从住处到工作地，他要爬 1 个多小时的山，这样的情况持续了近一年，没人知道身在林业中的王健林的脑子里想的是什么。

1969 年，王健林刚刚体味人生从学生走向社会的转变时，珍宝岛冲突爆发，紧张的战事要求中方必须增补军人。此时的王健林，在营林处工作了 1 年多，他决定参军。他的另一番人生历程，也即在此刻开始了。

新兵蛋子

2013 年 11 月，大连，一个寒冷的下午，中山区武汉街和金城街交汇处的一家东北海鲜馆，几位老人一一赶来。他们都是王健林 20 世纪七八十年代在大连陆军学院时代的老领导，在位于大连市中部金州区龙王庙村的陆军学院里，他们和王健林一起走过了 8 个年头。几位老人凑在一起，还原了王健林之前不为人知的军旅生涯……

万达的官方资料上显示，1969 年，这是王健林入伍的时间。王健林应该是那一年的 12 月份正式参军进入沈阳军区守备三师的，不过按照部队的例制，他只能算是 1970 年的兵。

王健林怀抱一腔热血，希望为国效力，这种热情值得赞许，可他的参军之路却是费了一番周折。

阿坝州属于少数民族地区，这里不征收吃商品粮的城市户口的青年参军，为了让王健林顺利入伍，秦嘉兰只能把他送到老家苍溪，在那里经历"上山下乡"后再进部队。

不管怎样，王健林的当兵之路的确曲折。

王健林刚冒出当兵的想法时，秦嘉兰十分支持，她觉得，年轻的一代应继承并发扬老传统、光荣传统，老大当兵，恰在情理之中。

当时，与王健林一起进入森工局工作的职工子女共9人。在这9人中，王健林不算突出。大部分少年的旧相识对他的印象已无法与今天这个站在中国商业顶峰的巨富联系在一起，他们中甚至有人猜测，王健林若是没去当兵，一辈子都会在大金，最多能混个中层干部，其成就也许未必能超过他父亲。

从大金离开后，王健林在苍溪老家上山下乡，没多久，从这里当兵，去了吉林。他曾在一次采访里透露，自己离开老家的时候，母亲告诉他：一定要当"五好战士"，要争取超过自己的父亲。谨记母亲的叮嘱，王健林在入伍第一年，便成为母亲口中的"五好战士"，不负所望。

入伍后，王健林一直保持着给秦嘉兰写信的习惯，刚开始当兵时一个月两封，渐渐地，频率渐小，但习惯一直保持到去大连。前后相加，秦嘉兰那个存放儿子部队印记的盒子里，共盛装着300多封信。

王健林首次来到一个陌生环境的表现，他当年的一位战友曾在微博上如此回忆："1971年初春，吉林省集安县鸭绿江边的大山深处的军营里来了一批新兵，这是我第一次见到王健林。

他们当时属于特务连侦察班，新兵里面有四川和辽宁抚顺的，班长去挑选新兵时，他先选两个抚顺兵，然后走到一个又小又瘦的小兵面前问他想当侦察兵吗，他说愿意。"这个小兵就是王健林。

年少的王健林不如现今魁梧，军装大、皮帽大、皮鞋大，这些加在一个瘦小体格的人身上，看上去很滑稽。不过，与外形的"不堪入目"相比，清楚机会难得的王健林绝不是眼睛里揉沙子的主儿，他在沈阳军区守备三师当侦察兵生涯中，历练出了盯准时机、敢于挑战的个性。

身为一名合格的侦察兵，除了正常的野外拉练，解除障碍、神不知鬼不觉地摸进敌人居所获取机密文件，以及用密码描绘军事图纸都是应具备的基本素质。除此之外，若是有必要，侦察兵们还需要在晚上去某个指定的坟地挨个搜索坟包，只是为了找到一张事先藏好的纸条。这一切，都意在锻炼他们的勇气和胆量。

王健林是新兵，可心里早就做好了接受各种不可思议训练的准备。日后，他在接受媒体采访时说，在参军前，他曾专门找来一本名叫《死亡学》的书籍研读，对未来可能遇到的一切都做好了预期。这种习惯，让他在军营里不断成长、不断突破。在未来的几十年中，当世人重新审视这个十五六岁就参军的男孩时，是可见其准备好了迎接一切未知的变化，并会迅速做出正确的反应的。

来自军队的组织原则，王健林铭刻肺腑，不断吸收着提升自我的养分。他日，当组建起庞大的商业帝国时，他脑海中曾经留存的规则优势派上了大用场。

　　彼时的王健林，意气风发，从一个懵懂少年，到部队的侦察兵，他的人生在某种意义上发生了转折性的变化，即便他本人从未曾察觉，可事实不可否认。他在后来的商业活动中，将部队中经受的金戈铁马般的打磨，一一复制于商场，可谓"无往不利"！

3

难叙军旅魂

野营拉练

　　王健林在家里是老大，两个弟弟对其唯命是从，突然到了部队，面对那些比他至少大两三岁的战友时，他还是有些不自在。在部队，他的确是"老小"，不但年纪小，资历也浅，周围人多把他当成孩子看。一段时间后，王健林开始适应部队生活，可让他不适应之处接踵而至——拉练，这对他绝对是一个严峻的考验。

　　生长在四川绵阳的王健林是纯粹的南方人，即便他曾有过大半年务农的经历，可与眼下部队的野营拉练相比，那时的务农实在清闲太多。尤其在东北，每年九月份基本入冬，气温骤降，到了十一、十二月份，漫山的大雪一望无垠，在这样的情况下野营拉练，要吃的苦头不言而喻。

野营拉练，顾名思义，即是到荒无人烟的地方进行严苛的训练，而当时所谓的"严苛训练"比较单一，仅仅是训练士兵的体能和适应环境的能力。直白点说，即是在看不到边的雪原上徒步行走。

15岁的王健林面对这样的训练，要过的不仅仅是体能一关，最重要的是他的心理防线是否强悍，是否能狠下决心接受挑战。

原本，这个年龄的孩子正是长身体的时段，稍微下下力气，肯定能练出一副好身板儿。不过，王健林来自南方，凭靠在东北的大雪天野外拉练锻炼体格，显然是有些不妥当的，对他而言也过于苛刻。

团里对战士的情况了如指掌，加之考虑到王健林只有15岁，即对其减轻负重，虽说身负的东西一样不少，可团里都挑轻的给他，比如较轻的枪。可惜的是，在负重中，只有枪支可以选择，其他诸如棉被等军需用品，他仍得加于自身。这些东西扛在身上，至少20斤。

15岁的少年，身负如此分量徒步行走，这本身即是一种非凡的考验，况且所行之路并不平坦，而是杳无人烟的崎岖山路。积雪、大风，这些都给拉练带来了额外的麻烦。倘若途经野兽出没之地，战士们的生命也将受到威胁。

显而易见，较之于那些以花样繁多的训练著称的特种部队或野战部队，驻扎于东北的部队的训练的确简单了许多，可就训练强度和难度来看，却一点也不低，反而更高。

虽是大雪封山，可东北的雪冻成了坚硬的雪块，部队在拉练过程中，战士稍有不慎，就可能失足陷入厚厚的雪堆中。

15岁的王健林，在这样的环境下咬牙坚持着，未曾动过放弃的念头。特殊的气候及地理环境，造就了战士们钢铁一般的意志，年少的王健林，在这场没有硝烟的战场上一往无前、毫不退却。

当时，部队每日要在此等恶劣环境下步行40公里，若是有人实在撑不住，可以乘坐标有"收容车"字样的汽车。单是看名字，便可知这是部队为刺激战士精神而故意为之，若乘坐了这样的汽车，评先进、优秀战士的机会也就随之化为泡影。显然，部队绝不给那些真正有出息的战士留"退路"。

在徒步拉练的过程中，王健林的饭量随着一份份艰苦增大起来，这让他时常感受到饥饿。班长见他年纪小，吃不饱饭，便"传授"了他几招吃饱饭的诀窍：首先，盛饭的时候先盛半缸子，吃这些时纵然再慢，也肯定快过盛满缸子的那些人。待吃完半缸子后，再去填满一整缸，就等于每顿饭吃了一缸半，这就肯定可以吃饱了。还别说，王健林用这个诀窍，果然不再饿肚子了。

肚子填饱了，可野营拉练一样要承受难以料想的艰苦。王健林曾亲见一个干部"崩溃"：他一屁股坐在地上，说什么也不再走了，党员、排干部统统不要。可见，能坚持下来的人只占少数，而年仅15岁的王健林竟然坚持到了最后。王健林说，一路上支撑他的就是一种信念，是母亲的嘱咐："要当好战士，争取超过你的父亲。"靠着这样的信念和坚持，他才能在入伍的第一年当上五好战士。

这种野外拉练给他留下了终生难忘的记忆，也带来了一种脱颖而出的快感：全团1000多名战士，圆满完成野营拉练者只有400多人。日后，每每提及往事及自己缘何创业成功时，他仍不忘这段难忘的时光，并将之称为对自己未来的人生影响甚为重大的经历。当然，当时的"小兵"王健林还不了解外面世界的变化，他按部就班地当着边防战士。

那段时期，有很多如今的企业家也参军接受历练，如华远地产董事长任志强、万科集团董事长王石、海尔集团的张瑞敏以及联想集团的柳传志。他们参军的背景和原因各不相同，军人身份给他们此后的发展也都带来了不同的影响。这些企业家，在未来谈到此前的军旅生涯和峥嵘岁月时都表示，参军奠定了他们一生的性格基调。

他们在封闭的军营里不断学习军人的规则，这些在他们离开军营投入改革开放浪潮中时，让他们适应环境，靠着敏锐的观察力和前瞻性，将军队的管理和思想转化为符合逻辑的商业思维。总之，这些企业家身上有着那个时代留给他们的强烈烙印，他们的经历带着明显的中国特色。

当然，在离开军营前他们还要继续接受训练，并按照自己的方式去适应属于军队的生活和节奏。他们中有些人很快官升一级成为领导者，有些人打算离开军队去更广阔的世界，还有些人则做好了打算，准备在军营里给自己来一次彻底的磨炼和洗礼，比如王健林。

如果说，跟着部队去野营拉练，并完成了所有规定的训练程序，意味着他成为了一个规则执行者，那么在进入大连陆军学院之后，他叛逆的一面逐渐展现，开始成了此前规则的挑战者。

有规划，不平庸

经历了野营拉练之后，王健林在部队里成了尽人皆知的"娃娃兵"。就像在林海雪原上拉练时一样，他在部队里所做的每一件事都令那些比他年长数岁的战友十分敬佩。

在王健林当兵的那个年代，国家还处在计划经济时期，作为普通的老百姓，能够到部队当兵"吃饱饭"就已是一件十分幸福的事情了，还能苛求什么呢？虽然相对于地方老百姓，部队的日子好过一些，但部队在业余生活方面却十分贫乏。大家聚在一起聊聊天、唱唱军歌，便是唯一且最有规模的娱乐活动了，除此之外，几乎没有任何其他可以消遣的方式。不过，也正是在这样一种单调的部队生活中，王健林和战友们才学到更多有用的知识、技能，没有把时间荒废在玩乐上。

此时的王健林，为自己的人生做了一个规划：学习。对今天的人来说，学习的辅助工具数不胜数，但王健林当时所谓的学习，也就是简单的通过书本学习。后来，王健林和几位战友一同报读了辽宁大学的函授班，虽然辽宁大学离他们并不远，但军人的身份却让他们无法去大学里就读，甚至连去听一堂课的机会都没有。

那会儿，除去白天的训练等必须要做的分内事，王健林和战友们几乎把所有的业余时间都用在了学习上。他们抓紧每一分每一秒，贪婪地吮吸着养分。

在并不优越，甚至说相对艰苦的环境下，王健林一颗心扑在了学习上，这让他不曾感受到部队里那种单调的生活所带来的寂寞和孤单，反而觉得自己生活得十分充实。其实，不仅仅是王健林，很多战士和他的心情一样。

从本质上来讲，王健林和他的战友们都处于青春年少的阶段，都是生龙活虎的热血青年，而他们之所以选择来到部队，是因满怀青春的激情，想要在部队里做出一番事业，也正因此，他们学习劲头十足。对知识的渴望是他们的共性，而为了提高学习效率，他们自发性地组成了一个学习小组，每每遇到难以理解的问题，大家便聚在一起商议。

三人行必有我师，王健林和战友虽参加的是辽宁大学的函授班，靠的都是自学，没有老师的指导，学习进度较慢，但却因为身在部队而有了一个与课堂一样相对纯净的学习空间。在这种互补的学习环境下，王健林很快有了提升，与战友的情谊也在这循序渐进的自我提升中愈发深厚。即使他后来退伍转业，成为万达集团的董事长，他与当年那些共同学习的老战友之间依然保持着纯真的友谊。

1974年，王健林完成了辽宁大学的所有自修课程，拿到了毕业证，这一年，他光荣地加入了中国共产党。这些成绩的获得，当然令王健林十分欣慰和兴奋，但他并没有因此而自我满足，他知道，这些成绩的获取只能说明一个问题，即他实现了某一阶段的自我梦想和自身价值，证明了付出得到了回报。

此时的王健林，早已不再是当年的"娃娃兵"，他19岁了，只是，熟悉他的战友们每每谈起他刚刚入伍时的情景，依然把"娃娃兵"挂在嘴边——这是一种怀旧又亲切的称谓。

军旅生涯中的自学，无形之中让王健林养成了学习的习惯，这让他此生受用。无论何时，在他内心深处似乎总有一个声音在不时地召唤着他、激励着他，让他时时能感受到自身的不足，从而不断进取。

青春，对于那个年代的王健林来说，就像是一本刚刚打开的笔记本，只有不停地记下自己的每一行脚印，才能留下美丽的诗行。

王健林从拿到辽宁大学函授班毕业证那天起，并未因自身努力见到成效而沾沾自喜，反而对梦想的追求更为紧迫，这也从侧面证明，在经过了4年的军旅生涯磨炼后，他已从一个"娃娃兵"彻底成长为一名合格的军人。

尽管在当时，王健林想当将军的梦想还未真实准确地显现在他的脑海里，但他已经意识到，自己早已不再是当初那个刚刚初中毕业就来到部队的少年了，加之4年的部队生活让他明白了军人的真正含义，所以当时的王健林与所有战士一样，心中那个不灭的军人梦始终萦绕在脑海。

他知道，与刚到部队时的自己相比，眼下虽掌握了很多知识，但若想要成为一名将军，实在相差太多。不过，他的坚持和努力，得到了另一种回报。

苦学3年，王健林养成了勤劳好学的性格，他在各项工作中总能将事情做到尽善尽美，上级领导对其交口称赞，在一次机缘中，他作为军区优秀官兵代表，被选送到了陆军学校去学习。这次学习，无异于为王健林的梦想插上了一对翅膀，让他第一次真正接受了系统的军事理论学习，他顿感自己离将军梦又近了一步。

不过，这次学习虽收获甚多，后来他还以优异的成绩顺利毕业，拿到了全日制大学专科文凭，但回到部队后他仍不断反省自己，以一个军人的标准衡量自身，结果发现，除了这几年对部队生活更为熟悉之外，自己似乎对军事化的了解少得可怜，尤其在部队任参谋时，这种来自专业化知识的压迫几乎让他无法喘息，为此，他不得不把更多的精力放到日常工作中，以期通过实践，掌握更多、更全面的军事知识。

在不懈的努力下，王健林的工作不断得到上级领导的肯定。

随后，由于工作需要，他被调任负责宣传的干事。王健林对这份工作很陌生，他初中一毕业就来到部队，并没有在地方做过任何相关工作，但即便毫无经验，他也未曾打过退堂鼓，反而以极大的热情投入到了工作当中。

在工作中，遇到不懂、不会的地方，他便向其他战友请教，没过多久，他便适应了宣传工作。王健林对待任何事都有着锲而不舍的精神，他也因此再度走到了整个军区众多宣传干事的前列，多次得到军区的通令嘉奖，而且每年都会从军区政治处拿回几张奖状，甚至还因在宣传工作上的突出表现立了功。

如果说，一个人取得一次成功是偶然的话，那么他不断获取成功，便必有因由。王健林就是如此。在部队，他并没有特殊的关系，完全凭借着自身那股敢作敢当的闯劲，再加上虚心好学的个性，使得他无论是以"娃娃兵"的身份去参加野营拉练，还是后来被送去军校深造，抑或是提干后被委以不同性质的工作，他都能向世人亮出几近完美的自我。

毋庸置疑，这是一种非凡的能力，而这种能力绝非唾手可得，在王健林看来，非通过不断地学习才行。直到后来他创建了万达帝国时依然认为，一个人如果不去学习，便注定平庸。

"怪咖"战士

1978 年，辽宁省大连陆军学院开始招生，当时该学院只招收来自沈阳军区的优秀军官和战士。那一年，王健林以排长的身份被推荐到陆军学院步兵一大队二中队二区队八班。与他一起被推荐来的军官有近千人，按照规定，他们作为年轻的军队干部进入学院进行一年半到两年的学习培训后，可以晋升到连长级别。

陆军学院教师张昌军，后来时常回忆起王健林那批"新生"前来报到时举行的开学典礼的情形：上千人站在操场上，听领导们轮流讲话，谈理想，谈规矩，谈教学培养计划，当然也谈到了毕业后的未来。如果不出意外，王健林等人毕业后，都要回到自己原来所在部队继续为社会主义建设奋斗，军衔会升一级，并需把学院里学到的知识应用到部队的管理上。

在张昌军眼中，王健林比较特立独行，甚至还略微有点调皮。这种感觉在每次上军事课程时都非常明显。军人统一管理以及听从指挥的属性，决定了教师的话仿似"金科玉律"，几乎没人敢反对。可王健林却是个异类，他常常反其道而行，并提出一些让张昌军都瞠目结舌的问题。

一次，张昌军讲军事伪装课，底下的上百位学员都对内容没有异议，只有王健林起来提问：为什么在雪地上伪装要将身上铺满，而不是更简单地直接盖张白床单呢？他就这个问题和张昌军争论，直到张昌军告诉他，雪地反光，但床单色调较暗，如果敌人用紫外线一照射，很容易露出马脚，王健林才接受了老师的观点。

还有一次，张昌军讲在战争中如何用火炮射击敌军坦克的战术。他说，射击时的角度和时机要掌握好，应选择坦克拐弯时出手，并在弯道内侧埋伏好火炮和炸药包，原因是，坦克转弯时，内侧会更大程度地接触地面。

这本无可辩驳，毕竟教材上也是这般书写的。可是，在讨论课上，王健林则提出相反的方法——在弯道外侧伏击坦克也一样可以，并讲出了自己的理由。

张昌军和其他教员们听了王健林的理由，商议了一番，认同了他的观点。甚至在下一年教材改版时，张昌军还特地将王健林的建议写进教材，供以后的学生学习使用。直到 2004 年陆军学院被撤销，新教材仍在使用。

这两件事，让张昌军在上百位学员中很快记住了王健林，不过更让他印象深刻，并对其刮目相看的是，当时受制于军官培训之实际需要，教师不会面面俱到地把书上的知识都讲出来，不少都是一带而过，或者干脆不讲，可王健林觉得，是知识就得吸收，不分轻重。故此，课后他会主动找张昌军为自己解惑答疑。

张昌军后来回忆道："我当时有点开玩笑地和他说，'那你晚上 7 点来我办公室吧，有些知识和问题我们可以探讨一下。'到了晚上 7 点，王健林真的来了，并且一连持续了几天。"

到了后来，一些难懂的知识点，王健林却能用很简单的一两句话概括出来，这让张昌军对其进步之速度大为吃惊。

除了善于思考，王健林还给老战友们留下了其他印象，关键词通常包括勤奋、善良，以及喜欢独立思考。

1978 年冬天，学院进行单兵进攻科目，具体过程是，每位学员要独立完成朝向动作、指向动作、匍匐前进、穿越障碍等任务。很多学员都完成得不错，可王健林差了许多，有些笨拙，动作也不标准，考核成绩不理想。

王健林的倔脾气上来了，当日中午，别人都去午休了，他找了个教导员在旁协助，反复练习，居然把棉衣都磨破了，肘部也受伤了，还别说，给自己开的这次"小灶"，让他终而取得了"优秀"的考试成绩。

如果说，这件事让人看出了王健林的坚持和不服输，那么他的直属上级陆民杰讲述的故事，则勾勒出一个思维独立、特立独行的王健林。

在一次特别重要的考试中，王健林各科成绩均名列前茅，唯有战略战术不尽如人意。其实，他这门功课的理论知识掌握得比较扎实，可就在战术定向考试时出了岔子。

陆民杰回忆道："题目是如果有一场战役，根据给出的山地地形回答，在山的哪一边布兵可能更合适。教案上的正确答案是在左边布兵更恰当，但是王健林做出了相反的答案。根据教案上的规定，这道题王健林算错误。"

然而，陆民杰却注意到，王健林虽然做了错误的回答，可他在考卷的下面分条列出了选择右边布兵的理由，一共列了六条，"仔细看一下，实际上他的理由和分析也都是有道理的"。陆民杰说，作战指挥本来就应该灵活而不拘泥于理论，王健林作为学院的尖子生，肯定知道教案上的答案，"但是他没有死记硬背，而是按照自己的理解，做出了自己认为正确的答案，即使这个答案和教案上的标准相悖。"

而王健林的另一位老战友对他的记忆，则停留在一个滴水成冰的冬季夜晚。

当夜，这名战士拉肚子，身体不适，按照之前规定的轮岗，他的站岗顺序在王健林之后。但是，王健林站完了自己的那班岗，并没有叫醒战友，他一个人又默默地将战友的岗值完，直到下一个战友来替换。后来这名战士说："这件事王健林一点都没声张，直到现在几乎都没有人知道那个夜晚，这个未来的民营企业巨匠，在那个滴水成冰的冬夜里是怎么孤独地连着站了两班岗。"

1979 年 8 月，王健林以优异的成绩于大连陆军学院毕业，并光荣地留在学院大队任职参谋。那时的王健林，的确是千里挑一的人才，整个学院共有几千名军官训练生，留校的唯有两三人，他便是其中之一，这足以说明一切。

而在任职参谋期间，王健林表现出了自己的文艺气质——写文章和诗歌。

当时，大家在一起闲聊时，王健林总会拿个小本子做记录，用不了几天，他便有作品见诸报端，包括新闻、随笔或者评论，那时的《大连日报》《人民日报》《解放日报》，都成了他的"用笔之地"。当时，沈阳军区独立办了《前进报》，这仿若王健林的"专栏"。

王健林的文艺气质不局限于写文章，写诗、拉二胡也是特长。

王健林很喜欢海子、顾城、亦舒等文学家及其作品，不过，他很有写实情结，所创作的作品多是表现将军旅生涯和战士训练，甚至不乏在诗里喊些口号。

总是不按常理出牌的王健林，始终用自己的学习方式一直优秀着，在别人看来，他是个"怪咖"，可也正是那种出于骨子里的"怪"，才令其创造了让人惊叹的成就！

将军梦

随着时间推移，王健林的才能已在军营里逐渐展现。

因为文笔好，部队为了不埋没人才，向上一级申请汇报后，将其调到学院的宣传处当干事。期间，王健林最主要的一项工作是负责和外面的高校联络，帮助陆军学院里的军士们进行学业深造。

1983 年前后，国家为了提高部队军士的文化素质，地方部队与当地的最高学府合作，搞起了党政干部专修训练班，辽宁军区也顺势成立了辽宁大学党政干部专修班。当时全军区上下都对这件事极为重视，由军区部长亲自带队领导专修班的各项进程，另外首长和司令级军官也参与其中。

当年在大连陆军学院，王健林一手抓起了党政干部专修班的工作，他的任务包括：动员学院的军士们报考专修班、与辽宁大学保持联络、接送学校的教授来军营里给军士们上课。如果说，大连陆军学院的党政专修班是个大班级，王健林显然就是班长。

通过不断地学习，王健林不仅在短时间内从一个战友们眼中的"娃娃兵"蜕变成了一名合格的军人，同时也成为一名受到上级赞赏的军官。此后，随着能力的不断提升，他从一名参谋、干事被擢升为一名正处级的团职干部。

1982年，王健林28岁，他的人生逐步迈向云端，未来有着更为强劲的发展潜力。他对此不沾沾自喜，从未停止追逐梦想的脚步。此时，由于部队工作的需要，在上级的安排下，他又被任命为部队的某处处长。

在不少人看来，当领导只要懂得如何管理人就可以，王健林却不这样认为，他觉得，上级的此次任命，无异于又一次把自己推到了风口浪尖上，因为这一工作与自己之前所从事的工作相比是全新的领域，这无疑又是一次严峻的考验。

王健林喜欢冒险，热衷于接受挑战，毕竟每一次工作变动，于他而言都是一次挑战。在他看来，只要是工作需要，无论上级安排他做什么，他都会想方设法把这任务圆满完成。索性，他一头扎进工作中，一干就是两年。

在这两年中，王健林一边摸索着工作，一边认真学习相关的知识，逐渐对行政管理和财务管理工作有了更深一步的认识，这为他日后执掌上万人的万达集团打下了坚实的基础。而在当时，王健林这种"频繁"的工作变动，也使他的知识面在潜移默化中得以拓展，综合能力得到了极大的提升。

1983年，辽宁大学党政专修班里出现了王健林的身影，3年后，他以优异的成绩毕业，并拿到了经济管理专业的学位。那时的专修班与今天的大学一样，也分有各个专业，大部分战士都选择与军事化管理沾边的专业，为的是以后学以致用。而如经济、工商和文学之类的课程，在当初是地地道道的冷门，几乎没什么人报名。

1986年，王健林成为陆军学院管理处副处长，属副团职干部。年纪轻轻就走上这个职位，实在罕见。他在管理处的主要工作是负责整个学院的后勤保障，同时，与政府以及个人打交道也在其职责之内。

张宝纯是王健林在管理处时的领导，他曾回忆，王健林离开部队去政府部门工作，以及后来"下海"经商，其实种种举动早在学院管理处工作时就已显露苗头，只是他当时并没有在意。

在学院宣传部管理党政干部专修班，是王健林迈出兵营的第一步，而管理处的工作，让他接触了更多外面的世界。那时，他的社交能力不断提高，认识的人也更高级，处理的事情也更复杂。

那时的王健林虽然手中"有权"，却一点架子没有，从不得罪人，留给他人的都是好印象，每每有外界人士想与学院联系，他都会尽力安排。或许，也就是从那时起，他内心萌生了离开的念头。

随着能力的逐渐提高，王健林心中的"将军梦"也变得越来越清晰。而当他开始"谋划"如何才能为实现"将军梦"到更广阔的空间学习、发展时，一件考验他的事情悄然来临。此事来得太过突然，王健林根本没有做任何思想准备。

1985 年中央军委做出的一项世人瞩目的决定——将中国人民解放军减员 100 万，使王健林的人生发生了重大的改变，在如此声势浩大的百万大裁军中，王健林作为一名军人，又会有怎样的选择呢？

转业——舍我其谁

有过当兵经历的人都知道，部队的生活虽然相对单调甚至枯燥，但是作为职业军人，他们把自己最美丽的青春奉献给部队的同时，也无形之中对部队产生了一种浓厚的感情。无疑，王健林也有这种感情。

因此，当"百万大裁军"的命令下达之后，王健林所在的部队炸开了锅，这种裁军与平常的退伍转业还不同——退伍或转业的军人都会提前知道，有心理准备，但裁军的命令却来得十分突然，并且裁军是各军区根据自身的整体情况而决定进行的，这也就意味着，谁都有可能被裁。

突然间说不准什么时候就要脱下军装了，战士们的心情都很沉重，王健林也一样——他是带着梦想来到部队的，通过一直以来的努力，自己的梦想在部队里一点点得以实现，可正当铆足劲向梦想之巅迈进时，却宛若一脚踩空一般，从云端跌落。

王健林这样问自己：真的不穿军装了，我能做什么呢？这样的困惑对 15 岁就来到部队的他而言，是个挺难回答的问题。但是，没过多久，他便想明白了这个问题——父亲不就转业了嘛，并且转业后在新工作岗位上也一样做得很好。

话虽如此，如果真的就这样离开了部队，王健林还是有遗憾的。他已经习惯了部队的工作环境，一旦离开，心里空空的。

这是人的一种惯常思维，事后王健林才明白这一点，但当时他却埋下了头，利用所有的时间去学习。那时，时间对他而言，突然之间因"百万大裁军"而变得更加弥足珍贵。如此一来，在大多数战友都"惶惶不可终日"时，王健林却表现得十分淡定，这使得他的工作没有受到丝毫影响，反而做得更好了。

这一切，自然都被领导看在眼里，记在心上，加之王健林平时的表现，站在军区首长的角度来看，他根本不会被列入此次裁军的名单。王健林也多多少少得知了一些与此相关的小道消息，但他并未因此吃下定心丸，反而进行了一段时间的反思。

王健林想了很多，也比别人想得更长远，他想搞清楚国家此次做出"百万大裁军"的真正目的。他知道，国家正准备大力发展经济，但是力气不足。对于国家而言，消耗最大的部门自然是军队，军队是国家安定的保证，可和平时期的军队要做到精而不追求量——国家把大笔的开支都用在了军队身上，自然就无力去推动地方经济的发展了。而一个国家若是无法实现繁荣富强，这个国家的每一个人也就都难以实现自我的"小理想"。

有了这深层次的思考，王健林果决地做出了一个令所有人都感到意外的决定：响应国家"百万裁军"的号召，申请转业！

一个老兵主动作出告别部队的决定，这是需要很大勇气的，王健林的这一决定却做得极为果决。

当时，不少领导曾在私下里做过他的工作，王健林经过认真思考后，依然没有改变这一决定。他在那一刻明白了，自己之所以会冒出转业的念头，一来是从国家的大局出发，再就是他相信，即使转业到地方工作，也一样可以做好。

实际上，王健林离开军营之时，外面的世界也确实不一样了。改革开放正处于高速发展期，政府转变思想，提出"经济建设是大局"，计划经济逐步朝着市场经济的大势转变。这一切，甚至连街道的买菜阿姨都晓得。

17年的军旅生涯，似乎曾让王健林与外面的改革浪潮脱轨，就在他转业的一两年前，后来同属于第一阵营的知名企业家们，多已离开军营开始创业。柳传志已经出任联想集团总裁，任志强决定进驻国企华远公司，王石建立了万科集团的前身，而张瑞敏也拿起锤子一口气砸毁了76台有缺陷的海尔冰箱。

幸好，改革的时光并没有让王健林等太久。1986年，王健林和陆军学院的一些战士转业，成为陆军学院较早一批离开军队走向社会的军人。不过，他的多数战友没有他那么高的觉悟，都抱着军官身份不放，甚至对于外面的花花世界有些"恐惧"。

转业后的王健林，曾和过去的战友们组织了几次聚会。1995年之后，王健林的事业如火如荼，他也就再没时间搞聚会了。

王健林毅然地脱下了自己穿了17年的军装，虽然铁打的营盘没能留住优秀的王健林，但17年的军旅生涯却给予了他太多，比如强健的体魄和顽强拼搏的意志，坚强的性格和正直的品质，不怕困难勇于学习的精神和因此获得的渊博知识，以及果敢的处事能力，这些对于王健林都是一笔宝贵的财富，甚至可以说，这些是他日后成就万达辉煌的有力保障。

王健林脱下军装后所走的路并不平坦，但他血管里流淌的军人血液却时时激励着他，让他一步步打造出了自己的地产帝国。

愛拼才会赢

4

区政府跳板

离开军营之后，王健林并没有立即一头扎进当时逐渐流行的"下海"创业浪潮，他根据自己在部队中所积累的政府关系和自身强项，审时度势，选择进入体制内。

王健林在部队的表现都一一被记录在档案里，如此优秀的军人，在体制内也一样会被重用，鉴于此，他成了大连市西岗区政府的办公室主任。

走上仕途的王健林，身上依旧带着参军时期的印记，他严于律己，按时高效地完成分配给他的工作任务。在很多战友看来，王健林主动响应"百万裁军"号召的转业行为，可谓是"塞翁失马，焉知非福"。殊不知，万事利弊相对，自他上班第一天开始，一个问题就像一只拦路虎一般拦在了他面前。

大连是海滨城市，西岗区政府的办公环境也很好，王健林上班的第一天，还没来得及熟悉一下整个区政府的环境，认识一下主要领导，就到了吃午饭的时间。这时他发现，很多同事都到外面去吃饭，他有些奇怪，问身边的一位同事，大家缘何不去食堂吃饭？他得到的回答是：政府没有食堂。

难不成，地方政府困难到如此地步？通过进一步询问身边的同事，王健林得知，其实并不是区政府不想建食堂——建食堂容易，可通不了煤气。怎么通不了煤气呢？只要和液化气站协商一下不就可以解决吗？王健林的脑子里的问号越来越多。随着进一步了解，许多问题的答案更是模糊不清，很多人都不知道为什么通不了气。王健林把这事放在了心上。

不久，王健林到区政府的老同事那里了解情况，终于解开了谜题。原来，区政府迟迟通不了煤气，是因为区政府的有关部门根本就没有办使用煤气的手续，即在用煤气方面，区政府是一个没有户口的"黑户"。

王健林并不觉得这是多么难办的事，只要符合液化站的相关规定，手续齐全，哪里会搞不定这件事？一番周折，他联系到市里负责安装煤气的总工程师，把问题反映给他。不曾想，那位工程师一听说"西岗区政府"，不禁连连摆手，不再理会王健林。吃了几次闭门羹，王健林心里犯嘀咕：为什么这个总工程师会这样？

一时间没了下文，王健林仍不死心。一有时间，他就会往那位工程师所在的单位跑，哪怕是见了面对方扭身就走，他也毫不动怒。他想的是，无论如何也要把煤气的事情解决。而后，几经周折，王健林在这位工程师所在单位的传达室人员那里，打听到了他家的地址。

这天，王健林到这位工程师的家里拜访。工程师一见是王健林，"砰"地一声就关上了门。王健林也不生气，此后几次三番厚着脸皮去拜访，这位工程师终于被他的诚意所感动。在王健林又一次上门拜访时，工程师终于道出了事情的原委。

原来，区政府刚刚建成时，相关的办事人员找了这位工程师商谈安装煤气的事，恰逢这位工程师当时手上正忙着其他事，或许态度上有点怠慢了对方，没想到对方当即发怒，讲话十分难听。由此，这位工程师心里压着一股火，后来，双方曾再次就此事见面商谈，可每每想起上次的不愉快，两个人就又针尖对麦芒。如此一来，彼此的"宿怨"就结下了。

再往后，也有其他西岗区政府的人员来就此事与工程师洽谈，可双方扯来扯去，对方的态度一直让这位工程师恼火，于是他一气之下，此后只要一听说是西岗区政府的人找他，干脆避而不见。

话是开心锁，工程师把心里的委屈都倒了出来，西岗区政府迟迟办不下来的使用煤气的手续，也就在王健林手里很快有着落了。从时间上来看，从王健林开始与那位总工程师联络并吃了闭门羹算起，到后来西岗区政府通上煤气，前后不过一个月时间，这件事在西岗区政府引起了不小的轰动。

王健林解决了一个整个西岗区政府3年都没能解决的问题，这不得不让周围人对他刮目相看。然而，当王健林将事情的经过讲给一些同事时，他们却都不太相信。

　　不管同事相信与否，西岗区政府自王健林来后不久便拥有了自己的食堂，这是事实。如此，同事们再也不用到外面去吃饭了。不仅如此，王健林又"重操旧业"，做起了另一项以前在部队时曾做过的工作——亲自负责区政府食堂的采购。

　　他利用自己在部队时对财务知识和管理知识的掌握，首先对采购进行成本控制，在有效控制成本后，他将节约下来的资金投入到改善同事们的伙食上，此举赢得了同事们的普遍认同。这也是在他走出部队之后，第一次展露自己的经济管理能力。比如，他努力为区政府的同事们争取到了当时极为紧缺的平价鱼指标。

　　有了王健林，西岗区政府的工作人员花一样的钱，却吃到了更好的饭菜。这是所有人有目共睹的，他们中间很多人在与自己的朋友或亲戚来往交流中，当谈起单位的伙食时，都会引起一声声惊叹：西岗区政府到底有多少钱，怎么舍得让员工吃这么好的东西？就这样，一传十十传百，很快，整个大连市的区级政府都知道西岗区政府是花钱少却吃得最好的区级政府。

　　1988年，当了两年西岗区政府办公室副主任的王健林，已经熟悉了体制的工作流程，并和各方面建立了良好的人际关系。

　　王健林脑子活，有想法，在思考人生规划时，觉得眼下的自己或许可以走出机关，投入"下海"的大潮中。就在他有此想法时，机会悄然而至。

　　在很多人看来，转业到西岗区政府后的王健林通过"食堂事件"成了区政府的红人，可谓前途无量，但谁也没有想到，他在各方面都表现得十分突出之际，却做出了一个令许多人都一头雾水的决定：放弃办公室主任的"肥差"，去做"三产"的一名经理。

　　那时，王健林的工作单位是区政府，他在外人眼里是一个端着"铁饭碗"的人，可是这样一个吃着"皇粮"的人却主动请缨去做"三产"的负责人。由于体制的问题，当时"三产"的工作人员，实际上多数都不是国家编制内的"正式工"，即使是正式工，其待遇也远远不及区政府里的工作人员，所以王健林此举无疑是放着"龙椅"不坐偏要去睡凉炕。

外人有外人的看法，王健林有自己的打算。多年部队的经历，已经让他习惯了面对困难，在机关办公室里坐着，过着安稳的"小日子"反而让他觉得浑身不自在。

恰恰在这时，出了一件令西岗区领导十分头痛的事——西岗区政府下属的住宅开发公司由于历史原因，加上当时社会上根本没有做生意这个概念，所以尽管为了使这家公司发展下去，西岗区政府曾多次更换了住宅公司的经理，可非但没有获得什么显著效果，反而因公司管理层不断变更，使得这家公司宛若一只在风雨飘摇中的小船，负债数百万元，成了一个"烫手的山芋"。

数百万元，在20世纪80年代末到90年代初那段时期，几乎是一个天文数字。而一个区级住宅开发公司负债如此之多，可想而知公司已经糟糕到了何种程度，甚至可以说，它距破产仅一步之遥了。不过，由于公司是西岗区政府成立的，倘若真的让其破产，必定会留下后遗症。左右权衡之下，西岗区政府被迫无奈，只得面向全社会公开招贤。

在那个年代，社会上并非没有人才，只不过一听说是西岗区住宅开发公司，大有"谈虎色变"之状。而熟知内情的人更是对其敬而远之，连问都懒得问，所以区政府的招贤广告打出去许久，都无人问津。

就在这个节骨眼上，谁也没有想到，一只"金凤凰"栖息于此。这一次，王健林一如当初面对军委"百万裁军"的命令一样，毛遂自荐，要求出任住宅开发公司的经理。

那么，为了挽救这个濒临倒闭的公司，王健林究竟会有怎样的举动呢？

初试牛刀

对于王健林的举动，不仅他身边的很多朋友和同事颇为不解，就连西岗区政府的领导也格外诧异，并有喜忧参半之态。

他们喜的是，王健林自来到西岗区政府后一直表现突出，也是区政府"内定"的后备力量，由他出面收拾住宅开发公司的烂摊子，没准会像建食堂一样搞出新名堂。同时，王健林挺身而出，也缓和了政府方面的尴尬。

而政府领导们忧的是，如果让王健林去接手这个"烫手的山芋"，万一他像其他人一样"兴冲冲而去，灰头土脸而归"的话，那么对他未来的前途必然产生不良影响，且他这一走，内部就少了一个好帮手。到底该如何是好呢？

鱼与熊掌不可兼得，区政府领导们权衡再三，又与王健林谈过几次话，最终做出决定，任命王健林为西岗区住宅开发公司的经理。

走马上任之后，王健林感觉自己似乎又回到了当年的部队，那股对陌生领域探究的渴望再次回到了他身上。很快，他改变了在很多人看来"外行管内行"的不良局面，利用在部队学习到的管理经验，对公司内部进行了大刀阔斧的改革，以十足的精神改变着公司的整体势气。

　　溯及王健林接受烂摊子的原由，不外乎三点。第一，他不习惯于做那种过于安逸的工作；第二，他要通过没人敢接手的"烫手山芋"证明自己的能力；第三，相信也是最重要的一点——"有甜头"。

　　西岗区住宅开发公司成立不久，老板便因经济问题被查，公司负债累累，业务停滞。无奈之下，区政府放出狠话，谁接手此公司，还完贷款，此公司就是谁的！毫无疑问，这个诱惑对于正要"下海"一试身手的王健林来说，可谓是正中下怀。

　　这是王健林第一次进入企业性质的单位，但在部队多年的工作经验以及在区政府办公室做主任的经历，让他对管理有了自己的一套准则。在他看来，要想将这个连年亏损的公司搞好，首先就要严肃制度，制度在军人出身的王健林心里，有着不可抗拒的影响力。

　　而在部队多年从事管理工作的经验更让他清楚地知道，企业之所以出现大亏损，固然与很多因素有关，但关键点在于上几任经理的不善经营，有财务经验和管理食堂经历的他十分明白一点：只要制度一松，就像在河堤上开了一个口子，今天流出去一点水，明天再流出去一点水，时间一久，河里的水自然就没了。

　　尽管王健林十分注重制度，但就像为区政府"通煤气"时一样，他更为看重的是人的思想意识，只有让住宅开发公司的员工从原有的惯常思维里走出来，才能彻底改变公司的现状。

　　改变现实，首先要从改变思想开始。王健林要改变公司的现状，他自己的想法、做法也得改变。

　　新官上任三把火，王健林也不例外，他大刀阔斧地在公司内部进行改革，认真研究公司不合理的管理规定，一旦发现阻碍企业发展的条文，立即修改，甚至将其废除。他改革手段之强硬、迅猛，便是来自于骨子里那种铁血精神的军人作风。

王健林以前从未接触过房地产方面的知识，当时他对这个行业十分陌生，所以在制定相关管理规定时稍显吃力。尽管如此，他所制定的管理规定日后都被证明是毫无偏差的。

过程是曲折的，结果是美好的，在王健林大刀阔斧的改革下，处于垂死边缘的西岗区住宅开发公司渐渐焕发出了一丝生机。

在这一年，王健林带领所有员工将"坐商"改为"行商"，摒弃了公司内"等、靠"开发指标的惯性思维。不要小看这一改革，它对于一个公司的发展十分重要——倘若一家公司总是靠某些后台来等指标，其必然慢慢失去活力，更不要提发展了。

西岗区住宅开发公司之所以负债累累，欠了百万巨债，正是由于该公司处于西岗区政府的庇护下，不思进取，更依靠着西岗区政府所给的指标，完全不开动脑筋思考企业发展策略，这样的公司，焉能不死？

带着新思路，王健林积极让员工树立"开动脑筋""先开后发""主动出击""跳出思维的框框"等工作作风，从而使得西岗区住宅开发公司从"一潭死水"中走了出来，开始以新面目重生。

而就在接手公司的这一年，王健林接下了南山住宅的开发项目。做此项目时，他的改革方案在其中充分地发挥了作用。

此前，西岗区住宅开发公司在做一个项目时，由于员工不思进取、无所作为，导致工程延期，工程质量也差强人意，从而使很多人对该公司产生了不满情绪。

经过王健林的改革，加之接手南山住宅后表现不俗，不少人对该公司的印象大变，同时，他们也开始认可王健林的能力。当然，作为委派王健林来担任该公司经理的区政府领导，对他从上任之初到接新项目的表现，亦是交口称赞。

只是，王健林毕竟是房地产行业的"门外汉"，虽然他带领员工在南山项目中颇有收益，算是打了一个漂亮的翻身仗，可与公司所欠的债款相比，实在微不足道。为了尽快让公司咸鱼翻身，不久，王健林又做了一个惊人的举动，他接手了很多同行前辈看不上眼，或者说没胆量去碰的项目——旧城改造。

当时，在大连市政府的南面，有一个颇受诟病的旧"棚屋区"，那里基本上都是民国时期建造的日本式房屋，房子没有装暖气，冬天十分寒冷，夏天则非常闷热，居住在其中的居民苦不堪言，但受制于有限的收入，也只能无奈忍受，艰难生存。在东北，这种房屋普遍适用于低收入人群居住，被当地人称为"贫民窟"。

大连市政府领导对这个"贫民窟"十分头疼，要求区政府尽快进行改造。此前，政府曾联系过三家房地产公司，试图说服他们帮忙将这个区域改造成条件稍微好一点的"棚户屋"，但是考虑到成本和收益问题，三家公司都不愿意接手。

恰在此时，王健林为公司"配额"问题找到了大连市政府的领导。这位领导对王健林的能力比较认可，更看好他的为人，心想何不把这个令人头疼的"棚屋区"交给他来做呢？于是，这位领导对王健林说："这里有一个'棚屋区'，你有能力就接手开发。"以为接到"大买卖"的王健林很快去了现场，可在看到"棚屋区"的破败后，他也不禁犹豫起来。

事实上，王健林在拿这个项目时，心里也在打鼓，他没有多少信心能在这个项目中获得利润。但是，当时的西岗区住宅开发公司实在没有其他办法发展下去，那时开发任何项目都需要配额，西岗区住宅开发公司口碑不佳、能力不足，哪里能得到配额呢？眼下，似乎只有接手旧城改造这个项目，才能得到政府的支持，也算是得到配额。鉴于这种现实，王健林只好硬着头皮接了该项目。

回到家后，王健林仔细地思考改造"棚屋区"的可行性，他拿出计算器核算改造"棚屋区"的成本，得出来一个让人纠结的数字：每平方米1200元，此价格可称之为大连市的最高房价了。而且，那时"棚屋区"改造有这样一个政策，即如果人均面积未达35平方米的，房地产公司要补齐。在这个"棚屋区"居住的大多是低收入人群，所以绝大多数人的居住面积都没有达到标准，这就意味着，倘若房地产公司接手这个"棚屋区"改造项目，就必须为这些人倒贴一些面积，这也正是没人愿意啃这块骨头的根本原因。

拆迁回迁问题复杂、成本高，加之牵扯到历史遗留问题，这些都堆在王健林面前，也让他稍显不知所措。

当时，很多同行都取笑王健林，说他以为自己得到了幸运女神的眷顾，在南山项目中有了一点小成就就不知天高地厚了。区政府领导也因此为王健林捏着一把冷汗，他们不知道王健林是否还能如以往一样，再次给他们带来惊喜。

改造旧城

再次接了"烂摊子"的王健林，在各方舆论一边倒的情况下，不愿意放弃到手的生意，最后还是决定放手一搏。对于所有涉及到利益的问题，他的打算是：待房子改造好，一平方米多卖几百块钱，所有问题自然迎刃而解。就这样，他带领着西岗区住宅开发公司的员工迎难而上，他安慰手下员工："如果我们能把房子卖到每平方米 1500 元，我们就可以挣钱了。"

在改造旧城的过程中，公司员工散发出的朝气、活力令王健林十分欣慰，而他也明白，经过自己大刀阔斧的改革后，公司的员工早已一改原来懒散的习气，变得更加勤奋、努力。

面对王健林抛出的"每平方米 1500 元"的价格，不少员工纷纷表示质疑，王健林却很乐观，称只要动动脑筋，想办法让价格"飙"到那个位置就可以了。

紧急情势之下，王健林和他的团队在一起反复探讨，在研究了房地产方面的知识后，最终决定采用四个小小的创新：

第一，推出"大高层概念"。当时在大连市根本没有"高层"的概念，所以西岗区住宅开发公司想要在这一点上吸引消费者的注意力，建起了 30 层的高楼。这些高楼后来被称为"万达高层"（西岗区住宅开发公司后来改名为大连万达股份有限公司）。

第二，在设计上创新。公司不仅推出了 130 多平方米的大户型，还率先在屋中设计了明窗大厅，更采用了铝合金窗。在当时，几乎所有的房地产公司都没有推出过大户型，更没有明窗与暗窗的概念。

20 世纪 80 年代前开发的类似棚户区的房子都是没有明厅的，而按照王健林的设计思路，进门后就是一个大明厅，并且带有窗户。因此，西岗区住宅开发公司在做了这种设计上的创新后，很快就吸引了消费者的注意力，房子销售一空。

第三，为每套房子建造大约 5 平方米的洗手间。在当时，不是所有的普通住房都配备洗手间，大多数人只能捏着鼻子忍受公用卫生间里难闻的味道，而唯有那些有身份——比如县团级领导，才能住上带洗手间的房子。在这方面，王健林仍是走在了前头。

不过，这个创新还引起一点波澜。房子建成并被售卖出去后，纪委方面的有关人员让王健林提供买房人的身份，看看他们是否有资格来买这些带洗手间的房子。不过，王健林拒绝了纪委的这一无理的要求。

第四，安装防盗门。时值"盼盼"防盗门刚刚出现，每扇只不过八九十元钱，王健林认为它比木头门结实，成本却并未增加太多，于是给每家每户都安了一扇防盗门。安上之后，整个房子观感完全不同，这也是当时最大的创新。

除了这"制胜四点"，在市场营销这一块，王健林也展现出了独特的思路。他首先想到打广告，但一开始遇到了挫折。那时候，大连市还没有可随意打广告的都市类报纸，整个城市只有两份官方报纸，广告版面非常有限。

几番思量，王健林思路一转：干嘛不去跟电视台洽谈合作呢？当时港台电视剧方兴未艾，若是能在电视剧前头和中间插入广告，相信效果肯定不错。就这样，他积极与电视台取得联系，并获得了插入广告的时段。随后，电视剧播出来，众多市民都看到了王健林的房产广告。

在20世纪80年代的大连，住房条件普遍较差，王健林开动脑筋，只是改动了几处小地方，却极大地改善了居住质量，受到了市民的欢迎，王健林也因此获得了预想的利润。

这中间，还发生了一个小插曲，反映了王健林诚信为本的经营理念。

1989年上半年，王健林接手西岗住宅开发公司后，第一次开发项目时，他亲自去公司的销售部了解情况，销售经理向他汇报："副总经理让我在卖房时，每套房子多算一些面积。"

王健林一听这话，顿觉十分奇怪，忙问原因。这位女销售经理解释说："如今的土地销售市场就是这样，相对于其他的公司而言，我们公司加的面积还算是少的，其他公司加的面积更多，反正也没有机构来管这些事。"

听到销售经理这样的解释后，王健林立即制止了这一行为，他认为这属于欺骗，这样做是不诚信的，必须按照实际面积来卖房子，不能因市场上其他公司的不诚信行为就作出不诚信的举动。尤其是在土地销售市场有些混乱的时候，更应该坚持诚信经营。在当时，骗人的公司很多，被骗的人也很多。

王健林表示，做生意不能骗人，当然也不能被人骗，他提出了"老实做人，精明做事"的口号，而随着时间的推移，这一口号逐渐成为公司的核心理念。

"老实做人"，指的是企业要诚信，不能欺骗消费者；"精明做事"，则是指企业在经营过程中要谨慎，不能被别人欺骗。显然，从这句口号上就可以看出王健林对于诚信经营的重视。

王健林灵活而务实的经营理念，换来了不错的成果，"棚户区"改造项目顺利进行，盖的房子被一抢而空，公司盈利近1000万元。这是王健林在地产开发领域的牛刀初试，他获得了成功，开启了通向其财富帝国的第一步。

其实，在王健林接手"棚户区"改造项目的那一阶段，商品经济的概念刚刚流传不久，计划经济还是经济的基本特征，这就使得王健林的公司大受政策限制，他得拿到国家计委下发的配额才行。

　　为了解决这一难题，他找到了往日的一位战友，顺利得到指标。而资金方面，也一样是他老战友施以援手的。虽说创业初期得益于各方的帮助，可却需要明白一点，他缘何会得到帮助呢？这一切，自然要归功他本身诚信待人、积极上进。

　　得到老战友的帮衬，而一旦战友有所需求，他亦是决不推辞。后来，当王健林的万达发展得越来越好时，先后共有至少20人投奔他，对曾经在一个部队摸爬滚打的战友，他以一种"求贤之心"容纳他们，甚至于，会让战友们觉得，他是希望他们帮扶，而不是收容。

　　盈利1000万元，毫无疑问，王健林接手的大连市第一个旧城改造项目大获成功。事实上，令他没有想到的是，"棚屋区"改造后的800多套房子被标以1600元每平方米的"天价"后，竟然在一个月内便销售一空，以致其不仅还清了以往的欠债，还有了盈余。更为关键的是，通过这个项目，王健林除了利润上的收获，还与政府缔结了良好的关系。

　　见改造后的楼房全部售罄，业界的所有人士都对王健林刮目相看，也意识到了他的非凡能力，开始正视这个"初出茅庐"的房地产经理。

　　西岗区政府的领导也为王健林取得的成绩感到惊讶且骄傲，毕竟是他们推荐王健林担任经理的，王健林能打一场漂亮仗，他们脸上自然有光。

　　初尝甜头，王健林再接再厉，很快又拿到了新开路的一个旧城改造项目。有了"棚屋区"的改造经验之后，对于新项目，王健林处处拿捏得当，没用两年时间，便完成了这个占地20公顷、总建面积60多万平方米、拆迁达4000户之多的房屋改造工程。

在这次房屋改造项目中，西岗区住宅开发公司获利过亿。

此时，西岗区住宅开发公司名义上还是国有企业，王健林仍能利用政府抛给他的各种机会，不断发展壮大公司的业务，扩大公司的规模。不过，王健林很快就看到了国有企业体制的弊端，这促使他抓住了企业改革的机遇。

鉴于这两次房屋改造取得的巨大成功，王健林知道，成功的背后有员工辛勤的汗水，虽然公司获利巨大，付出了辛苦努力的员工却无法分享这份丰厚的成果，毕竟当时的他还没有权力奖励员工，每每想到这些，王健林的心里便有些苦涩。不过，考虑到很多员工都想通过某种形式来释放自己对公司所取得成就的喜悦之情，他决定"五一"组织员工进行一次旅游。

"五一"期间，王健林租了两辆车，带领员工来到了一个有山有水的地方，以此来庆祝公司取得的巨大胜利。在旅游的这两天里，王健林和员工纵情于山水之间，内心激动不已，却不知一股暗潮慢慢涌动……

打破墨守成规

王健林为西岗区住宅开发公司立下汗马功劳，成了头号人物，可他不知，等待他的不是鲜花与掌声，而是当头一棒。

"五一"后上班的第一天，王健林像往常一样来到公司。谁知，一盆冷水迎面泼来。

为了庆祝西岗区住宅开发公司取得的辉煌战绩，王健林"先斩后奏"，直接从公费中支出了一笔钱作为旅游经费，算下来，人均200元。其实这算不得什么大事，可那些背后捅刀子的"小人"，又怎会错过这次抓王健林小辫子的机会？真是踏破铁鞋无觅处，得来全不费工夫。就这样，他们在"五一"后上班的第一天，就跑到大连市纪委举报王健林，说他严重违反了市委纪律——滥用公款、大吃大喝。

欲加之罪，何患无辞。既然想栽赃，就不愁没话说。这样一顶大帽子扣在王健林头上，是够他喝上一壶了。滥用公款，是一项十分严重的违纪行为——国家当时正在严查贪污腐败，虽然王健林的行为并非贪污的性质，却有一点"腐败"的苗头，思及此，大连市纪委决定给予王健林警告处分或通报批评的严肃处理。

西岗区纪委的工作人员得知这一情况后，不禁大吃一惊，他们连忙向大连市纪委解释，表示王健林的举动也属人之常情，他为西岗区住宅开发公司作出了那么大的贡献，不仅让公司摆脱了负债累累的境况，还使其有了盈余，对这样的大功臣，又怎能进行警告处分或通报批评的严肃处理呢？

颇费一番周折后，大连市纪委方面也做出了让步，其工作人员称："虽然我们也可以理解王健林的做法，可以不给他通报或者警告处分，但是，一定要对他进行批评，给他敲一下警钟，以免他再犯类似的错误。而且，由公费支出的人均200元的旅游费用，西岗区住宅开发公司的员工要将其补回来。"

西岗区纪委的工作人员知道，这是大连市纪委的底线了，虽然他们还想为王健林说情，可转念又想，凡事不可得寸进尺，见好就收吧。

王健林得知最终的处理结果，晓得西岗区纪委的工作人员肯定在其中大说好话，感激之情溢于言表。转而，他也多有辛酸——改变西岗区住宅开发公司负债累累现状的是自己，为其赚了利益的也是自己，且不说功劳如何，员工为了公司的业绩加班加点，殚精竭虑，纵然不能给他们加工资、发奖金，为他们组织一次旅游，也不算过分吧？结果，不但自己受到了惩罚，还得交回旅游花去的 200 元。此事让王健林无法忍受，可也无可奈何。

西岗区住宅开发公司的员工获悉事情原委后，为王健林受到的批评鸣不平，为了不让他为难，他们纷纷将 200 元钱送到了公司财务处，补齐了公款。

此事就此平息，一切也都恢复了正常，王健林和员工都如平时一样按时上班，可他内心却不再平静——他想的是，员工为企业作出大贡献后，应该得到应有的奖励，若没有奖励机制，员工哪里还有动力？他还思考了公司面临的其他问题，这些问题让他愈发无奈，改变之意愈烈，"万达"后来的"不安分"，也就在此时王健林的身上一眼可窥了。

西岗区住宅开发公司，有西岗区政府的背景，算是国有企业，而当时国有企业自身固有的体制，都在很大程度上成了企业发展的桎梏。王健林担任西岗区住宅开发公司经理一职后，也接二连三地遇到了很多现实难题。

第一个难题是，王健林没有录用与辞退员工、任免干部的权力。

当时的国有企业若要录用或辞退员工，需得到劳动局的审批，企业的所有干部则由人事局统一进行管理。西岗区住宅开发公司，在王健林接手前已负债累累，其体制以及人才方面肯定需要进行一些改革，考虑再三，接下了烂摊子的王健林知道，新人新气象，自己成了临时的一家之主，就得把家过得有模有样。不改革，万难发展。很快，他提出了一些改革方案。

　　王健林提出的改革方案都是行之有效能解决当前问题的，可有的方案却因体制的问题，遇到了很大的阻挠，尤其是人员方面。要想治理好企业，就必须"以人为本"，而西岗区住宅开发公司之所以管理混乱，很大一个弊端即是人心不安，因此整顿员工是必行之举。

　　整顿之时，王健林发现，公司中有两名劣迹无数、不服从管理的司机。一次，他急需用车，便给这两名司机打电话，可他们却借故推脱，一个称家里有事无法来公司，一个以病假为由推脱。但实际上，两人悠闲得很，他们就是想给王健林来个下马威，杀杀他的锐气。他们的小算盘，险些导致王健林未能及时到达目的地而与一次工程擦肩而过。事后，他对这两名司机的所作所为愤怒不已，当即决定开除他们。

　　讽刺的是，当王健林下达命令时，两名司机却嚣张地对他说："我们是公司的正式职工，你没有权力开除我们。"王健林闻言，火冒三丈，马上找到西岗区政府的领导，跟他们说："如果不辞退公司里的司机，我根本无法管理好企业，那我就只能选择离开。"

　　西岗区政府的领导不太满意王健林的态度，觉得他也不是什么旷世奇才，还以此"威胁"，不成体统。可又考虑到西岗区住宅开发公司未来的发展，还得由他挑大梁，便妥协了，并"破例"辞退了两名司机，其实是给他们安排了其他工作。

　　通过这件事，王健林意识到了公司负责人对"人事权"管理的重要性，这为他接下来迫切地改变公司体制埋下了伏笔。

　　第二个难题是，王健林没有根据员工为公司作出的贡献分配员工薪酬的权力。

作为公司一把手，却不能按劳分配，这样的老大做得实在没滋味。加之之前员工旅游一事，王健林更是无法容忍自己的权力被架空，宛若傀儡一般的现状。

经过细致分析、比对，王健林对于眼下的难题了然于胸——公司的体制是一切棘手问题的罪魁祸首，要想从根源上改变公司现状，就必须改变公司体制。当然，这并不是一件容易完成的事。可再难也得做。那段时日，王健林心急如焚，眼看着未来毫无光明可言——但他一直要等到1992年才有机会真正推动公司改制。

就在他苦苦思考如何改变西岗区住宅开发公司的体制时，一个振奋人心的消息传来了：国家体改委和大连市体改委决定，在大连市选择3家先进公司，让其作为东北地区的第一批股份制试点公司。

改制，万达诞生

当时的私营企业，对政策的变化尤为敏感，他们焦急地关注着社会各界对经济体制改革的争论，中国的经济发展在此时遇到了瓶颈。

邓小平在1992年的南方讲话成为一个转折点。讲话精神一扫淤积的政策阴影，极大地鼓励了改革开放的步伐，推动了市场经济的发展，"姓资"还是"姓社"的讨论不再成为企业发展的一道门槛，私营企业的经营空间有了更大的提高，而国企改革开始了艰难的探索过程，打破了过去公有制占绝对优势的局面。

一些企业早在20世纪80年代就开始尝试股份制改革，并取得巨大成功。

王健林也渴望改制，期待对企业拥有完整的掌控权。这种掌控权建立在所有权基础之上，而不是经营责任制基础之上。没过多久，命运就把他想要的东西抛了过来，即上级股份制试点的决定。

当时，绝大多数企业的负责人思想上都偏向保守，他们对股份制的理解还欠缺深度和广度，都不愿意将自己经营的国企变为股份制公司——他们认为，如果改制企业，就失去了体制的依靠，相当于放着好好的"铁饭碗"不要，偏去"要饭"。

细细想来确实如此。如果企业经营得好，自然没什么大问题，褒奖赞扬一股脑袭来；换句话说，一旦没有经营好，就要为企业的亏损埋单，落得颗粒无收的下场，何苦去冒这份险呢？

抉择的意义，往往在此时凸现出来。王健林听到这一消息后，不禁大喜，他意识到机会来了，于是积极地申请这一名额，希望能将西岗区住宅开发公司改成股份制公司，如果改革成功，早先所面临的难题迎刃而解，寄人篱下之状随即消失。

国家体改委和大连市体改委看到了王健林的积极态度，加上很多国有企业都不希望改变公司现状，同时王健林领导的公司做得有模有样，成绩一目了然，也就给了他一个名额。如此，王健林成功获得了对公司进行全面体制改革的机会。这是王健林人生中决胜的一步。获得这个名额后，西岗区住宅开发公司被"大连万达集团股份有限公司"代替。

筹措资金置换了国有股份后，王健林正式成为公司的所有人和控制人，这是一次历史性的变化。今天来看，王健林的这次改制意义再怎么强调都不过分，从此以后，万达可以摆脱束缚，参照市场规律，按照王健林的意志，在更广阔的商业海洋里搏击。

　　这次公司名称的变化，远非表面看起来那么简单，毕竟体制不同了，所有权利的分配也随之不同。从这时起，更名后的大连万达集团股份有限公司将不再受限制，它将插上自由的翅膀，展翅遨游于苍穹之上，王健林本人，也正式开启了属于自己的万达时代！

　　成功改制后的万达，成了王健林实践梦想的舞台。野心勃勃但对商业历练不深的王健林，也跟随着当时的风潮，试图走一条多元化的道路。他投资了制药厂、电梯厂，甚至还有变电站设备，不过，由于合作伙伴或专业化程度不够等原因，这些产业和投资都以失败告终。

　　当然，这些经历并非完全没有价值，对于一个善于思考的企业家来说，对失败的反思有利于让他领悟商业运行的深层逻辑，提高风险识别和机会判断能力。

　　多元化的暂时失利，让他看到专注某个行业的价值，因此，此后的一段时间，王健林拒绝了去内蒙古买煤矿、搞投资的建议。他坚持扎扎实实做实业，在熟悉的房地产领域精耕细作。而凭借着在大连本地丰富的人脉资源以及不断积累的经验和资本，在房地产领域，万达集团做得红红火火，逐步成为大连首屈一指的地产开发商。

　　发展越迅猛，随之而来的问题也就越多，这是考验企业的关键期。1996年初，稳健发展企业的王健林，未雨绸缪，针对业内质量低劣、面积短缺、欺骗销售的普遍现象，在全国房企中率先提出"三项承诺"：第一，保证不渗漏；第二，保证房子面积不短缺；第三，自由退款。

　　三项承诺，在当时中国国内房地产市场上引起的争议和影响力非常之大，为此，大连市政府曾专门下发文件，号召全市建设系统向万达集团学习。巨大的影响力也确实给王健林带来了意料之中的成功。

截至 1998 年，在大连市，万达年销售额近 30 亿元，占据全市房产市场 25% 的市场份额，万达帝国，就在这一片呼声之中慢慢崛起了。

5
万达地产帝国

商业地产第一枪

西岗区住宅开发公司改名为大连万达集团股份有限公司后，开始了其摸索性的发展之路。从 1995 年到 1998 年，万达集团凭借着自己拥有的人脉资源以及资金，在开发住宅地产之余，还涉足了制药厂、电梯厂等其他的产业。但是，这些产业都不幸夭折了。然而，暂时的挫折并没有打垮王健林的信心。

这一时期，在王健林的领导下，万达开始了自己连锁商业的尝试。

王健林之所以坚持不懈地开发新产业，一方面是想让万达获得稳定、长期的收益；另一方面，是因为王健林对商业信息的敏锐，他认为，万达仅仅靠开发住宅地产一条腿走路是走不长远的。

王健林发现，住宅房地产虽然发展前景很好，但有一个不容小觑的缺点——现金流不稳定，有项目销售的时候，公司就有现金流；一旦项目卖完，需要重新买地，公司的现金流就会降下来。出于这样简单的利益考虑，为了寻求稳定的现金流，万达必然需要重新探索。而直到2000年，万达才决定把商业地产作为企业的支柱产业来发展。

王健林曾说："建造房子，然后销售房子，这种模式肯定不能长久地发展下去，因为在全国，每年开发房地产的面积总量有30多亿平方米，如果按照1：2的容积率计算的话，这就意味着，全国每年有十几亿的土地面积被占领。可以想象，这种土地开发的模式肯定不能长久。"

正是出于这种考虑，王健林在经营住宅地产之余，还开发了商业地产，并以商业地产作为万达的主业来发展——他坚信，商业地产是未来中国房地产的发展方向。

在正式决定转型做商业地产之前，万达内部有过长达两三年的讨论。当时，住宅业务开展得很顺利，公司内部普遍不理解为什么要转型去做商业地产。王健林试图说服自己的同事们，土地资源是不可再生资源，越开发越少。而随着更多房地产开发商的加入，获得土地的价格也就水涨船高，纯粹做住宅地产的企业将会遭遇困境。他说，世界五百强企业排行榜中并没有纯粹只做房地产的公司，因为住宅开发存在临界点。

2000年5月17日，属于万达的"遵义会议"隆重召开。在这次董事会议上，王健林抛出了大力发展商业地产的大计划，他的说法是：卖住宅收钱，是一锤子买卖，而商铺既可租，又可卖，还可以自营，能长期获利。

从发展的角度看，王健林的想法没错，可遗憾的是，并非所有人都一样的高瞻远瞩。集团内部对他的计划不敢苟同，不少元老开明宗义，直言商业地产计划不适宜当前的发展，或许会自讨苦吃。

那时，与王健林一起打天下的总裁丁本锡，也站在了反对一方，劝说王健林放弃执念。毕竟，眼下的万达一路飘红，企业发展正值上升期，突然换了打法儿，必然会面临种种问题，最终极可能赔了夫人又折兵。

面对不解和质疑，王健林坚持己见。事实上，他也曾犹豫不决。在商业地产上做文章，前辈之中早有开路先锋，可多数都是铩羽而归。然而他想到，万达若想走出大连，成为全球性连锁企业，那么上马高端商业地产项目则是大势所趋。

王健林希望把万达打造成百年企业，要实现这一目标，必然要打破当下局面，绝不能不思进取。

执拗的王健林最终决定：用5年时间来实现万达的转型，如果到2005年仍不能有所起色，便马上撤出。王健林是想给自己一次机会，更想让自己的团队经历一次前所未有的挑战。

而就在这时发生的一件事，更坚定了王健林做商业地产的决心。

1998年4月，万达的足球事业正如火如荼地发展着，王健林在全国挑选8个城市做了一次知名度调查，结果令他大吃一惊。在全国知名度最高的100家企业当中，万达排名第五；但在品牌特征认知上，万达排在100家企业的最后。很多接受调查的企业和个人都认为，万达是一家体育公司或体育经纪公司。

这让王健林有些哭笑不得，同时也让他反思：万达的主业究竟应该在哪儿？很快，他得出结论：要集中精力做好房地产，并开发商业地产。只有这样，万达的品牌知名度才能转化为实实在在的商业利益。因此，在偶然事件和行业必然性的双重刺激下，王健林更加钟情于商业地产，正式开始了商业帝国的转变和崛起之旅。

不过，万达向商业地产转型的过程可谓一波三折。

万达决定转型开发商业地产后，推出的第一代产品就是万达大厦：这是一种单体高层，高层写字楼或者公寓用来出售，一二三层用来招租户做商业广场。当时，万达在商户资源方面基本空白，进场的往往是一些小型商场和酒楼，由于承租的大小商家们经常拖欠租金，逼得王健林专门成立了一个"收租队"，费时费事，回报也很不理想。

为了改变这种窘境，王健林转变了思路，决定与更有实力的租户合作，并为此提出了"向世界500强收租"的大口号。当时，沃尔玛登陆中国不久，急需寻找商场资源拓展市场，而万达则可利用沃尔玛的知名度和影响力打开局面。

王健林的老上级，同时亦是万达商业地产物业副总的陆民杰说："董事长想通过百姓对沃尔玛的期待和喜欢同时关注到万达。"计划虽好，实现起来却困难重重。以万达的资历，想拉世界500强沃尔玛入伙，实非易事。

后来王健林曾回忆当时的情形："当时沃尔玛很牛的，我要约他们一个主管发展的副总裁都约不到，后来还是通过大谊集团（当时沃尔玛和大连国有企业友谊集团开的一家合资公司）的老总才终于见到的。我就跟他一通忽悠，你们既然能来大连扩张，

肯定也想去其他地方，友谊集团不会出去，但万达在全国将近 30
个城市有分公司，我可以在好的城市选位置跟你们合作。"

经过几次商谈，沃尔玛的这位副总裁并未松口同意，王健林
无计可施，几经辗转又找到了当时沃尔玛亚太区首席执行官钟浩
威。一番磋商后，这位首席执行官有所保留地表示，暂不提战略
合作之事，不妨先搞一个试试，看下情况再说。

就这样，前后耗费半年多时间，双方共有几十次磋谈，最
终，沃尔玛方面点头答应与万达合作，在吉林省长春市合作第一
个万达广场。这算是万达商业地产计划的第一枪。

为"试水"埋单

几经周转，王健林好不容易与沃尔玛绑定，可让他颇为尴尬
的是，长春万达广场差点将双方的合作计划演变成一场闹剧。

长春万达广场建好后，因为有沃尔玛这样的主力店铺入驻，
王健林信心满满，把分割出来的商铺卖到每平方米两三万元的高
价。当时，王健林曾对公司高管说，这单生意若是搞好了，将为
万达带来不可预估的收益。

直到今天，陆民杰依然认为，当时他们的营销策略是绝对正
确的，因为当商铺落成之后，长春市民争相购买，其中，不少政
府机关人员亦有参与购买，很快，店铺销售一空。

卖完了产品，万达方面觉得自己的工作做完了，便准备结算
走人，可这让业主们相当不满意。原因是，最初万达方面表示，
商铺每年每平方米的月租金差不多可达到 500 元，以 12% 的年回
报率计算，8 年时间基本可收回成本。这个算法没错，可万达没

有搞清楚一点，当时业态并不成熟，高额租金并非每个商家都能承担起，于是，商家歇业、商铺空置的情形便出现了。

陆民杰说："按照商业地产的约定俗成，地产商在盖好房子的同时也要负责帮助业主招商引资。"可当时王健林还不清楚这些，便吃了大亏。

万达进入商业地产领域，最初的想法显然比较天真，只想着出售物业之后，快速回笼资金，以便全身而退，却不知这种做法，会令全局难以掌控，从而对物业投资价值带来负面影响。

王健林之前主要做住宅地产，对商业地产的运作和管理缺乏经验，加上当时的团队内部没有专业化招商团队，同时又缺乏零售商业领域的资源，导致招商环节出现大问题，也即在情理之中了。

很快，投入巨资购买了商铺的业主们发现，他们期待的租金回报没有着落，失望至极的他们便到万达广场项目办公地点讨说法，甚至险些发生流血事件，这就是当年的"长春事件"。当时，陆民杰是"维稳"行动的主要参与者，业主与万达员工形成的混乱局面，他至今仍记忆犹新。殴斗行为、万达员工被泼开水，如此极端之举均有发生。

此情此景，差点让万达从此退出商业地产领域。王健林赶紧召开董事会，针对此事商讨解决办法。

几天之后，万达董事会再次召开，王健林在会上作了深刻检讨："前面发生的问题以及现在存在的问题都是我一个人的责任，由我自己承担。我还是不成熟，明知道这样做可能会有问题，但是还是这么做了。我的行为完全是饮鸩止渴。造成这样的结果，我要做出反省。"

王健林及时悬崖勒马，为时未晚。事实上，聪明的他不可能预料不到发生的事情，可他仍坚持那样做，是有其苦衷的。

一方面，应该是和当时王健林面临的压力有关；另一方面，他的确求胜心切，希望通过这个竣工项目，尽快确立商业地产的价值；再一方面，那个时代的万达体量尚小，早点卖出商铺有利于收回资金，帮助企业资金循环。而"长春事件"的发生，给了王健林教训，也让他对商业地产的复杂性有了更全面的认识。

如果说，住宅地产在把房子按期按质造好交付后，基本就算大局已定的话，那么对商业地产而言，这几乎才刚刚开始，因为后续稳定的商业运行才是商业地产价值的体现。

痛定思痛，王健林在后来逐渐琢磨出了"订单地产模式"，也就是事先与承租商户签好合约。而眼下，为了尽快安抚商铺业主的情绪，同时也为了挽回万达的品牌荣誉，他将帮助业主招商这一块设置成万达集团最重要的业务之一，由此，万达商业管理的功能逐渐形成和完善起来。

王健林秉承专业化的人才理念，为了拓展招商资源，解决商业管理这一短板，以每月4万元的高薪招聘这一领域的管理人才，并迅速组成了一定规模的招商队伍。陆民杰说："举个最直观的例子来说董事长对招商这一块有多看重，大连市唯一的万达广场，光这一个广场就有200人左右的团队在专门负责业主的招商工作。"

一波未平一波又起，这边的事件刚刚告一段落，王健林再次陷入"漩涡"。

沈阳万达广场步行街及商铺，于2003年正式在沈阳太原街商业步行街开业。

沈阳太原街商业步行街，位于沈阳和平区，堪称中国东北最有影响力的时尚汇集地，其影响力辐射整个东北。早在 10 年前，包括泰国正大、美国协和、香港嘉里、新加坡温氏兄弟、美国善美等国家和地区的著名商业集团，便已浩浩荡荡地开进太原街，希望在此实现自己的商业地产神话，不过，他们却因种种原因最后都无功而返。

2002 年，万达来到了被冷落已久的太原街。在这里，王健林看到了商机，决定将万达广场开在此处。

这一次，万达广场的建造和销售都相当顺利，在万达"以租金养商户""一铺富三代""零风险""每个商铺每平方米至少可以出租 500 元"等极具诱惑力的广告大战下，购买者蜂拥而至，短短一年时间，354 个商铺售罄，万达回笼近 6.5 亿元资金。

2003 年 12 月 23 日，沈阳万达购物广场正式开业。可让人大跌眼镜的是，已经迎宾送朋的商铺中，空调设施、封闭型大棚居然未配备，甚至连厕所都没有，至于无人打扫卫生、水管爆裂、地下停车厂封闭、门窗闭合不严等细枝末节之事，更是层出不穷，这样的万达，还如何让消费者光临呢？

对此，商铺业主们自然十分不满，而且他们对商铺结构和建筑质量亦颇有微词，开始与万达沟通"赔偿问题"。

这一次，商铺业主们闹得声势远比"长春事件"更大，甚至有个别业主还闹到了北京。部分业主为了"维权"，决定退铺，且不惜到法院起诉万达。为此，万达与业主前后打了 200 多场官司。

出了这么大的事，王健林自然不能坐视不理。万达方面考虑到小业主的利益，推出"统一包租经营"策略，还特地把大型百货公司的老总聘来，向其取经。之后，万达方面开始着手为商铺加屋顶、通暖气、安装多部电扶梯，总之，为了弥补之前的缺损，不惜耗费了几千万元。

沈阳万达广场，在各种纠结中勉强经营了几年。至 2007 年，万达内部经过反复论证，觉得太原街万达广场在最初的设计上有失误，后期的补救措施也只是治标不治本，解决不了根本问题，唯一的解决办法，即是拆掉重建。

就这样，沈阳太原街万达广场于 2008 年拆除重建，2009 年竣工后重新开业。毋庸置疑，能做出这样的决定，足见王健林的魄力，毕竟拆除所带来的损失是巨大的，可这与万达品牌相比，就显得微不足道了。而王健林除了拆除重建，还按照比例给予此前购买商铺的业主一定的补偿，这个补偿的数额，高达 8 亿元！

试水商业地产，万达付出的不仅是金钱的代价，无论是"长春事件"还是"沈阳事件"，都对万达品牌本身造成了一定的负面影响。不过，王健林力挽狂澜，在事件初始阶段即能做出最快的反应，而在事件趋于恶化之前迅速补救，也证明其诚信经营的初衷。

陆民杰感慨道："王健林有一点让人佩服，就是无论出现什么错误，他都能从中吸取教训。"

订单策略

万达在商业地产项目上的崛起，有赖于王健林采取的一种被其命名为"订单商业地产"的营销策略模式：即先找知名商家签租赁合同，然后盖商场。可以说，订单商业地产模式极大地降低了商业风险。

而在诸多知名商家中，王健林最先打算合作的就是极具号召力的沃尔玛。当初在长春万达广场项目拿下之前，王健林找沃尔玛合作可谓四处碰壁。最初王健林连沃尔玛的负责人都联系不上，不过随着他坚持不懈的努力，终于和沃尔玛主管发展的副总裁碰面了。

虽然王健林得偿所愿，但是第一次碰面他完全能够感受到对方对万达的轻视。几次三番后，沃尔玛才勉为其难同意和万达项目合作。而合作的第一步准备工作，就是选址。在沃尔玛得知王健林将万达广场的选址定为长春后，他们的发展总监一口否决了，因为：沃尔玛以前在美国选址的时候，只会选择郊区，从来不会选择城市，更不会选择城市的中心。

王健林有自己的想法，他不愿意就此放弃。最后，他亲自找到了沃尔玛亚洲区总裁，并对他阐明了万达的具体构想。沃尔玛亚洲区总裁听后，觉得构想的可行性非常大，于是他到长春的万达选址作了考察，认为可以一试。由此，长春万达商业广场成功开业。

事实上，王健林早就预料到自己的这一决策会取得成功，但是他并没有想到长春万达商业广场开业后会如此火爆。而沃尔玛看到这样的情况，放下了高高在上的架子，决定再和万达签5个市中心店的合约。

王健林极力争取来的与沃尔玛的合作项目，逐渐发挥出了其固有的潜在价值。作为入驻长春万达广场主力店的沃尔玛，也很快以其丰富齐全的商品、舒适的环境和让人信赖的品质，获得了消费者的青睐。

沃尔玛的转变，让其他商户闻风而动。据说，万达早期在和沃尔玛合作时，基本上秉承着"半租半送"的思想，但是，长春万达商业广场的成功，让其他商户看到了其背后可以赚取的巨大效益，因而他们纷纷跑来与万达合作。

万达早期在与沃尔玛的合作上吃了一点亏，但其背后的广告效益却不容小觑。而且，随着万达的发展，它与沃尔玛之间的地位，也在无形中发生着一丝微妙的转变。这不失为王健林"舍少取多"经营大计的现实版本。

随着万达的发展，与其合作的商家也逐渐多元化起来。比如，与其合作的超市除了沃尔玛以外，还有家乐福、TESCO、华润等，而且其中的大多数商家表示，只要万达愿意合作，他们甚至愿意放弃选址的权利。也就是说，万达将万达广场开到哪里，他们就会到哪里和万达签约。

以前，沃尔玛和万达合作需要 6 个月才能定下来，而此时万达只会给沃尔玛 60 天的考虑时间。如果沃尔玛同意，就可以谈关于合作的具体细节；如果沃尔玛超过了 60 天还没有给万达答复，万达将会找其他商户合作。

长春万达广场沃尔玛店业绩节节攀升，使得最初将信将疑的沃尔玛打消了疑虑，双方的合作关系也上了一个台阶，在后续开发的 5 个万达广场中，沃尔玛都作为主力门店协同跟进。

"沃尔玛基本上就跟着万达走了"，王健林提起这一时段与沃尔玛的合作，仍是一脸得意。

其实，与沃尔玛的持续合作对万达也至关重要，因为这种主力店稳定性好，人流量大，可以提升整个购物中心的人气，从而惠及中小店铺。

2005 年，万达又与国美电器结成了同盟关系。国美是中国最大的家电零售连锁企业，身处行业领先地位，但其最大的竞争对手苏宁电器，计划在 2005 年新建 150 家门店，并且开始在经营面积超过 1 万平方米的大店方面试水。面对对手的大动作，国美自然不能坐以待毙，其决定在经营规模和内容上实现突破，故此，与万达广场的合作也就顺理成章了。

王健林曾评价说，国美在业界拥有声誉，其品牌知名度对带动消赞者有重要影响，万达果断选择结盟，此举不仅使其收获了一个知名品牌，更增加了万达与其他主力店谈判的砝码。不过，大型超市、百货的入驻，虽然看着热闹、繁华，但商业地产商往往需要在租金上给予比较大幅度的折让，因此其租金收益相对较低，而那些中小店铺才是创造收益的主要力量。王健林自然知道这一点。

因此，当沃尔玛、家乐福、百盛这样的"大房客"为万达带来知名度上的益处后，万达也把不少精力投注在"小伙伴"身上。

诞生于沈阳的大玩家超乐场，是万达较早的合作对象之一，最初经营状况不算景气，万达就同意减免一部分租金。但随着万达扩张速度的提升，大玩家明显掉队了，王健林却并没有抛弃、放弃，而是积极寻找帮扶办法，比如让万达的财务部免费帮它收钱和管账，降低大玩家的人力成本等。后来，大玩家获得了几千万美元的风险投资，发展成为中国室内娱乐行业的第一品牌。毫无疑问，王健林的长远眼光，在此处凸显出了巨大价值。

除此之外，还有一些更小的餐饮品牌也都经营有方，深受消费者欢迎，但因为规模有限难以跟上万达的扩张步伐。王健林当机立断，给出了十分优惠的政策："像这种企业，我就跟对方谈条件，比如前期装修的 2000 万我帮你出，分 10 年摊到租金里，对方一听很高兴啊，只要出个几百万、置办些'锅碗瓢盆'就能开个店了，他当然愿意跟着我走了。"

在商业地产领域几年摸爬滚打下来，王健林已经对这一行洞若观火，可以优化业态的分布。比如，在各大城市的万达广场，餐饮店铺始终集中在最顶层。这也是王健林的首创，他还特地为此发明了一个理论名词——"瀑布效应"。他分析："中国人的特点就是好吃，你把各种美食弄到一起，做到最上面一层，他为了吃，就会跑上去；下来时他必须经过一些路径，这样就能增加顾客的滞留时间，就像瀑布一样，从上面一点点流下来。"

同时，缘于和沃尔玛签订的长期战略合作协议，万达发展出的"订单式"也逐渐成熟。在万达项目开工之前，关于主力店招商的问题已得到妥善解决，整个项目超过一半以上的租赁面积已名花有主。在实际操作中，王健林也极为"人性化"，即搞清楚大租户的需求，继而按需定制，为租户量身打造。商业地产成功的要诀之一，就是要为租户考虑，租户赚到钱，万达才能赚到钱。

谈及规划，大致的流程是：万达广场招商开始后，规划院唱起主角，为签约主力店的入驻打好前站，从商铺到细节运作事无巨细，为的就是不让商家进驻后自行改建、二次装修，这会节省不少费用。经过这样的规划，每一座万达广场都会在"先租后建、满场开业、开业旺场"的大前提下顺畅发展，商户与万达方面实现双赢，这也会使得万达在商业地产开发方面将风险降到最低。

万达和战略合作伙伴之间有约定，把中国的城市划分为"一等"和"二等"两个等级，其中，北京、上海、广州、深圳均系一等城市，其余的则一概归于二等城市之列。两种城市等级，自然就有相匹配的平均租金，这种划分，也在一定程度上减少了合同谈判时间。其后，在面积、城市、租金等方面全部敲定后，一份存在于万达和主力店租户之间的合同或确认书也是必不可少的，至此，才能进入最后的建设阶段。

万达的"订单商业地产模式"，实现了在最短时间内带动周边区域发展的目的，这使得其所在区域成为新的"城市人气中心"。据悉，这样的人气中心，平均每日有 8 万～15 万人的客流量，高峰时，甚至逼近 30 万人。显然，这极大地提升了消费需求和城市的繁华程度。

后来，这种订单商业地产模式演变为万达集团的核心竞争力之一，王健林自豪地表示，这种"订单地产"模式，令众多商业地产跟进者模仿，但始终未曾被超越。

万达的产业转身

万达依托大连，成为大连住宅地产的王者，然后开始了其全国性的商业扩张。王健林踩准了这些关键节点，使得万达在房地产开发商中脱颖而出，成为具有全国性影响的知名开发商。

其实，王健林很早就把视野瞄向了全国。早在 1993 年，他就开始尝试在广州开发房地产项目。在那个年代，民营房地产企业跨区域开发还非常罕见，广州工商部门甚至不愿意受理万达分公司的注册，王健林迫不得已，通过借用当地某华侨开发公司开展业务，虽然过程一波三折，但走向全国一直是他的梦想。

王健林后来回忆说："万达集团最早出去搞跨区域发展，第一站在广州就不成功，是跟别人合资做一个什么项目，我们占小股份，别人占大股份，投资了 2 个多亿，但是，这小子把我们的钱投进去他自己拿着钱就跑了，我们当然先起诉，告状，慢慢把公司接过来，再补钱进去，实际上我们还算不错了，最后没亏损，但只赚了几千万。"

真正让王健林走向全国的，是万达的商业地产模式。从 2001 年开始，王健林的万达集团以商业单体的方式勇往直前，冲向多个城市中心，其具体的表现形式就是万达大楼或万达广场，而每个大楼或者广场都要配备大型超商、电影院线、商铺以及美食城，在商业地产领域的发力使得原本寄居一隅的万达集团，开始在业界初露锋芒。

万达广场在其发展过程中，出现过三种业态。

第一代商业地产称为单店。顾名思义，一个单体建筑内囊括了全部业态，总面积在 5 万 ~ 6 万平方米，具体的操作流程是：先建造一座商业大楼，万达集团会利用大楼的第一层开设一些精品店，第二层开设超市，第三层开设家具店，第四层则是电影院等，此种模式的代表作即是长春万达商业广场、青岛万达商业广场、南京万达商业广场。

第二代产品有所升级，称为组合店。这一产品产生于 2003 ~ 2005 年，它是由多个单体店组成，面积一般在 10 万 ~ 15 万平方米，包含百货、超市、影城等近 10 种业态，此种模式的代表作有天津万达广场、南宁万达广场、武汉万达广场等。

在这期间，为了吸引更多的消费者，万达集团的第二代模式开始尝试多元化发展，不断引进电玩、百货、餐饮等新业态，更重要的是，万达开始注重自己商业地产的规模。

之前追求快速的万达，逐渐将"做大"列为项目的重点。在这个过程中，万达考虑更多的是万达广场的实用性和圈地性，吸引不同需求的消费者都来购物，是万达广场的目标所在。这种组合式的商业发展模式，开始正式走进城市人民的生活，为万达集团聚合了不少消费人群，也为万达商业地产的品牌效应打好了基础。

万达的第三代是城市综合体，也被称为 HOPSCA——H 是酒店，O 是写字楼，P 是公共空间，S 是购物中心，C 是文化娱乐休闲设施，A 是公寓。城市综合体，是万达集团的核心竞争优势，是一站式消费场所，全方位满足人们的消费需求，等于重新创造一个城市中心。此模式的代表作，是上海万达广场、北京万达广场、宁波万达广场、成都万达广场等。

在万达广场第三代商业模式中，万达集团还建立了室内步行街，让几大主力店铺围绕着这个步行街布局，而不再是各守一方，这是万达集团在商业地产设计上的一大创新。

至 2005 年，万达商业地产的第三代产品——万达城市综合体模式，已经逐步走向成熟，而万达也开始了向全国范围迅猛扩张。

"如果说第二代的管理模式是出于对产业链的把握，万达的第三代管理模式则完全是出于对商业规模更深的认识。"王健林如此评价说，"万达的成功主要是商业模式的成功，也是投资模式的成功。"

从第一代的单店到第二代的组合店，再到售卖写字楼、公寓，万达在产品链上做到了相互支撑，组合发展，这样的良性链条，令此模式遵循着良性发展的脉络，逐步提升着商铺等的升值空间，也助推着万达扶摇直上。

打开万达的官网，首先看到的是之前由王健林提出的万达发展口号："一座万达广场就是一个城市的中心。"王健林曾表示，万达集团旗下的万达广场不仅有五星级酒店、商业中心、公寓、写字楼、住宅楼，还有电玩城、健身中心、国际电影城等。可以说，万达广场已经做到了集购物、娱乐、休闲等多种功能于一体的综合型商业中心。

从 2000 年开始转型做商业地产，到 2005 年万达城市综合体推出，历时 5 年时间，万达完成了一个漂亮的转身。

彼时，在万达内部，已经没有多少人再怀疑商业地产的价值，而王健林冲向全国舞台的心情也日益迫切。在这个过程中，王健林对政策变化的把握和市场趋势的判断，均展现出非同寻常的远见和领导力。

客观地说，到 2005 年，万达集团已经在全国享有极高的知名度，并且其第三代城市综合体模式已经成熟。不过，在全国开发商阵营中，万达的实力和影响仍远不及万科，甚至不及 2007 年上市的碧桂园。然而，王健林发挥极致的融资能力，使万达集团一直快速扩张。到 2007 年，万达集团已经在全国拥有数十个万达广场，在商业地产领域遥遥领先。

兵贵神速

针对万达的快速扩张，资金流量迅速增长，王健林还设计出了独具竞争力的"资金流滚动资产"的模式。

在投资方面，形成了两成自有资金、六成银行抵押贷款和两成第三方投资的形态；在业态方面，售出的 3/5 物业，主要是住宅、写字楼和社区商业，此举的目的在于保持现金流的充裕，而剩余的 2/5 自持，这部分可以在等待增值的同时，享受租金收入。

2008 年美国次贷危机爆发，中国经济出口引擎熄火，中央政府决定，采用财政扩张政策刺激经济发展，国家拿出"四万亿"来刺激经济。此时，货币政策相对宽松，加之危机波及领域甚广，地方政府希望把手中的土地尽快"变现"，而银行一样希望有大主顾多多贷款的局面开始形成。

当时，银监会每个月都会盯着银行的放贷指标，看其是否达到了基准线。如此，当一些大房地产开发商有申请贷款的需求时，他们基本是"二话不说"。

王健林很好地抓住了这个历史性的扩张机遇。"这样的机会以后还有吗？"他曾在一次演讲中谈到当时的危急时刻，"很多人被形势吓怕了，不敢将项目揽入怀中，万达2009年年初又乘胜追击了十几个，土地的价格低得惊人。"

万达当时在上海和南京这样的大城市拿地，价格低到了每平方米1000多元，而2009年的开盘价，便是其拿地价的十几倍。这简直是马路上捡钱！

后来王健林说："一个企业步步踩准不太可能，多数时间都是在平均线上，但关键几步你就拉开距离了。"

美国的次贷危机，波及了全世界范围内的众多领域，大部分行业受其影响巨大。不过，睿智的王健林却依托于此迅速发展万达，使其发展曲线呈现出"V形"，快速将原本一直领先它的大公司抛在身后，这样的结果实在惊人。

除了在发展上大步迈进，万达还得到了一个利好消息，即住宅房地产的风险和劣势开始凸显，而商业地产却在对抗经济周期、增加就业和创收等方面逐渐显现出强势之态，政府和业界对其看重程度激增。换言之，王健林当初设定的发展战略，实在太明智了。他说："说我们是前瞻性强也好，蒙的也好，万达这一次踩准了点。"

其实，王健林能做出如此正确之举，与其始终盯住政策关系密切，此可谓与时俱进，与时偕行。

王健林知道，万达在2008年以后能进入成长的快车道，除了政策因素，还有另外一个特殊原因："我们的人才团队在2009年开始发生质的变化。"这一年，万达吸纳了更多高级职业经理人。"这几年万达并非线性发展，而是细胞分裂，1个变2个、2个变4个。"

在华高莱斯副总裁公衍奎看来，万达这家"最有中国特色、最与中国节奏合拍、最亢奋的公司"，是最能将这几年中国地产的发展状况呈现出来的。中国商业地产联盟秘书长王永平说："万达更标准化，执行力更强，在外人看来和万达似乎只差了一点点，但是就是这一点点就差了很多。"

这一阶段，万达得以迅猛发展，还得益于以万达城市综合体为主要形态的万达模式十分契合地方政府的口味。万达这种综合开发模式，体量大，投入大，对本地经济的促进作用十分明显，同时万达广场引入众多国际和国内一线品牌，往往又提升了城市的整体形象，因此他们有充分的动力寻求和万达合作。

每年，都有众多地方政府络绎不绝地前来万达寻求合作机会。万达模式成了万达集团发展的重要杠杆，避开了众多开发商争破头皮争夺住宅地块的市场红海。

显而易见，在与各个地方政府打交道过程中，王健林和他的万达集团不再如其他地产那样，只是"龙套"角色，而是将话语权和主动权牢牢握在手中。

在与地方政府的合作中，项目不断变大，占地面积从几百亩到几千亩，建筑面积从几十万平方米到上百万平方米，投资金额从几十亿到几百亿，商业广场、购物中心、旅游文化、度假区等概念不断被植入到万达模式中，由此，万达的第四代产品——万达城，正在逐步形成。

万达模式的优势，在拿地和土地价格上体现得最为明显。一般来说，万达的项目都被地方政府列为重点招商引资项目，故此一切手续都是大开绿灯，甚至于，不少地方政府会在土地出让时设定特殊条件，以实现"定向出让"。

在二三线城市，万达若是做项目，所拿到的土地的价格通常比周边项目低30%，有时会更多。而个别三四线城市，甚至还会夸张地给万达"返现"，即返还土地出让金。此举的目的似乎可以浅显地理解为——一切为了留住万达。

2010年，万达的"土地仓库"中有1976万平方米土地，投入的资金为300亿元，如此折算的话，相当于1500元/平方米，的确是"白菜价"。

在地产市场上，万达"低价拿地"已经是公开的秘密，这也是万达的"核心机密"。当然，万达也给大力支持自己的政府以良好的回报，"凭借着万达的执行力，从拿地到开发，我们能实现在18个月内开一个万达广场。"王健林的这般底气，对政府构成了极大的诱惑力，而一旦万达广场落成，对当地经济的带动作用到底有多大，也是不言自明的。

一般来说，万达从拿地到开工，大概耗时4个月，而至正式开业，通常都控制在18个月。万达始终努力维系"建成即开业，开业即旺场"的格局，这也是其能一直受政府青睐的原因之一。

万达内部严密的管理体系，包括把项目模块化分解，层层确定责任人，万达长期以来形成的合作伙伴关系，包括建筑、原材料供应、招商等体系，都使万达的扩张有固定的套路，有迹可循。

在万达的订单模式中，基本不会出现关于单个项目的租金水平的商谈，因为这太过耗时，如此，"平均租金"成了最普遍的洽谈方式，按照全国城市综合实力水平大致分为三等租金，以此来加快招商谈判速度。

万达对商业地产开发进程的严格控制是它始终能够稳踞龙头的重要原因。18个月的开发周期，保证了企业的高速运转，而且每一个项目各个阶段的时间都把握得恰到好处。

由于和地方政府的合作建立在彼此互惠的基础上，所以合作协议一旦确定，地方政府在征地、拆迁、三通一平、配套基础设施和公共服务方面，也会有强烈的动力与万达集团配合，这是"万达速度"的一个保障因素。

而每次在项目启动后，土建、招商、装修等各个链条都必须开始进入倒计时，时间即是18个月。工作需要一样样有条不紊地推进，节奏环环相扣，责任细化到每一位员工，绝对不允许出岔子。万达这种军规式的管理，目的就是要让所有员工都清楚，"晚上陪客户喝酒到凌晨3点"，绝不能成为第二天上班迟到的理由。

严格的管理，加上万达在发展中集聚了"得天独厚"的优势，其在商业地产领域的优势也愈发明显起来：政府支持、选址优势、规模优势、商户资源优势、商业模式优势，这一切都令万达的商业地产平台越来越广。

在保证建好的万达质量第一的前提下，万达从建设到招商，也是极为看重速度的。当拿到项目后，规划方案也会同步进行，紧随其后的所有项目规划都等于上了"流水线"，按照标准一步步走下去。

在进场、装修等事宜方面，万达的每个团队都会"上纲上线"：第一，所有主力店（核心客户）的合同均在开工前签完；第二，超市和餐饮的合同，必须在施工图完成前签好。

能够做到这种成绩，万达凭借的是自建规划设计院、商业管理公司和自己的开发公司，继而实现了"上中下"游的完美结合，互为犄角，继而慢慢形成一个完整的产业链。

万达的"18个月"开业准则，是万达速度的一个明显标志。王健林规定，若是未能在18个月内完成，要对项目总经理进行问责。

迄今为止，万达共开发了近百个项目，唯有昆明的一个项目未能达标，最终此地的总经理被开除。

一直以来，在稳健的基础上，王健林总是强调速度："万达必须再快一点，必须要快。"直至今日，万达的管理团队成员个个随时待命，绷紧神经，已离开万达百货的总经理丁遥，曾有一年内开设20多家百货店的辉煌战果。

万达之所以讲究快速，在王健林看来，是因为如果项目同期开业，会造成一定的社会影响力，便于项目营销，并赢得广泛的社会支持。在短时间内，快速聚集人气，培养消费群体，为项目奠定坚实的基础。

兵贵神速，用在万达的项目上最合适不过。而项目的同期开业，也便于企业交接管理，同时，既会快速回笼资金，对地方政府官员政绩和城市形象的提升也有着莫大的帮助。当然，究其根本，所有的益处都会回归到万达身上。

推进万达模式

对于万达这种高资产和占据大量现金流的企业来说，"速度就是金钱"这句话有额外鲜明的含义。如果进度没赶上计划，对庞大资金链的影响可想而知；而若是土地产权证没有及时办妥，那么项目融资就会受到影响；倘若进度赶不上计划，那么就不会如期获得销售许可，庞大的资产流动就会降低速度。

在武汉，万达曾创造出一个城市神话：打造出了一个"中国第一、世界一流的业内朝拜之地"——武汉中央文化区。其中名为"楚河汉街"的商业步行街，已经成了武汉市新的地标，更是业内"速度神话"。

当年，万达和武汉市政府约定，2010 年 6 月 30 日交地，次年 9 月 30 日开业。原本，一切按部就班，不会出现差错，可因种种原因，交地时间拖到了 2011 年元月。不过，奇迹也是在这种情况下产生的，楚河汉街依然在当年 9 月 30 日准时开业，整个工程居然仅耗时 8 个半月，无一天拖延，且质量一流！

此中央文化区面积在 180 万平方米左右，总建筑面积达 340 万平方米，是万达集团旅游地产项目之一，更是以文化为核心，囊括旅游、商业、商务、居住功能的世界级文化旅游项目。

对旅行团来说，如今带团游武汉，"楚河汉街"已成为必须参观的项目之一。而对于关注城市发展速度的政府来说，楚河汉街建造时的"万达速度"，已经是他们喜欢使用的一张"王牌"。

当然，这种求快压力之下也有某种隐患。武汉万达公馆就因为质量问题被业主投诉，给万达品牌带来负面影响。而此类事件亦是时有发生，比如2010年8月，在沈阳的项目中有11人死于火灾事故；次年8月，在郑州曾发生脚手架倒塌事故；十几天后，上海宝山在建项目也发生垮塌。这一切，都对万达的品牌带来负面影响，幸而，这种影响是局部的。

无论如何，伴随着万达特有的商业模式和万达速度，万达集团每年以超过30%的速度快速成长。

万达发展之势强劲，与低价拿地、强有力的配套设施关系密切，每一处落地的万达广场，都能让周边住宅的销售持续升温，这也就使得政府、开发商、万达、商家多方同步获益。

万达模式，刺激着中国房地产开发，也为商业地产开发模式的探索树立了"中国式榜样"！

经过多年的创新和探索，万达集团通过对人口数量、经济发展水平、消费习惯等的综合研究，已经创造了自己的一套商业地产扩张模式。

万达有一句著名的口号，就是"一个万达广场，就是一座城市中心"，这一口号反映的是万达集团再造城市中心的实力和能力。万达集团利用自身的优势，可以在全国众多的二三四线城市中选取合适的位置，来快速建立万达广场。目前，万达以每年平均20个万达广场的速度，在中国广袤的版图上急速扩张。

这不但确保了万达的品牌效应和急速创收，也让万达广场的模式深入每一个城市的消费人群。在各种模式下，万达集团的发展策略深刻地改变着一个城市商业模式的发展。

一个典型的例子是，在银川这个人口刚刚超过200万的二线城市，万达集团投入了三个地产项目，历时3年时间，斥资75亿元，共兴建起两座商业综合体。那么，作为非一线城市的银川，如何能使得万达集团如此重视呢？这都源于当地人对城市综合体的渴望。

2011 年，银川金凤万达广场正式开业，前 4 天，便创造了超过 80 万人次的入场购物佳绩，这显然是敦促万达继续在银川深耕细作的先期基础。

至 2012 年，金凤万达实现了 8 亿元的营业额，仅用一年时间就登上了全国 70 余座万达广场收入增幅第一位的宝座。而西夏万达广场开业仅两天，客流量高达 69 万人次，营业额高达 3900 万元。

2006 年时，万达集团首先在银川地区建立了自己的地标首站——万达影城东方红店，这在当年成为轰动一时的大事，也因此让越来越多的人重新走进了电影院。这也是万达近几年来进驻一个城市的通常打法，先通过一座电影院或商场进驻该地，让万达的品牌逐渐深入人心，然后再逐渐进驻万达广场乃至城市综合体。

事实上，当时不少人都已经意识到，万达影城进入东方红广场后，其实已有了城市综合体的雏形。

按照"万达惯例"，其城市综合体会将商业、商务、居住等多种功能集于一身，实现一站式购物、餐饮、健身、休闲、娱乐、办公等服务。

果不其然，5 年后，金凤万达广场正式诞生。吃、喝、玩、游、娱、购，此满足了人们休闲娱乐的全部要求，而酒店式公寓和商务写字楼的出现，也把工作方面的事情一同解决。

金凤万达广场，自开业起便一路飘红，2012～2014 年，每年的营业额都以近乎超过 2 亿元的速度递增——8 亿元、11 亿元、13 亿元。

值得一提的是，购得金凤万达商铺的业主中，10% 是外地人，西夏万达的业主中也不乏外地人的身影，这进一步凸显出银川区域中心城市的价值。

在某种程度上说，银川商业格局正是因为万达的进入，才逐渐从单一性变得多样化，这对银川和万达而言都有着极大的益处。

王健林通过对商业地产的复制，确实也将万达广场的触角伸向了中国的各个区域，并在各地不断生根发芽，开枝散叶。与其说，这是王健林的保守式扩张，还不如看成是他对万达模式的一种自信，只要有万达的牌子，无论到哪里，都一样会吸引大量的消费者。

按照万达集团的规划，在 2014 年年底武汉项目全面营业后，在未来的两三年内，青岛东方影都、云南西双版纳、南昌国际旅游度假区等项目也会先后问世。当然，自 2020 年以后，"出售物业收入占比降至 50% 以下"的目标能否实现，以及是否仍有超强的项目运营管理能力，这些仍是未知。

万达的品牌，是通过一次次的实干塑造而出的。王健林在全国范围内持续复制万达模式，以巩固万达品牌。除此之外，通过制造热点事件"主动营销"来推广万达品牌，也是王健林的制胜方略之一。

2012 年 6 月 3 日，福州仓山万达广场国际 5A 甲级写字楼全球启幕仪式在福州金融街万达威斯汀酒店举行，央视主持人张泽群主持盛典，性感主播柳岩现场助阵；6 月 10 日，一批重量级名人、专家、学者陈淮、宋鸿兵、陈伟鸿、陈亮、刘福泉等人聚集在福州香格里拉酒店，"对话万达中心·执掌资本核心"论坛拉开帷幕；6 月 14 日，福州仓山万达广场国际 5A 甲级写字楼隆重开盘，仅耗时两个小时，300 套房源便售罄。

一位业内人士对万达此次营销之举做出了这样的概括："密集轰炸式宣传，专业高端的论坛，简洁快速的推盘，贴近市场的价格体系。"

如果说，福州万达广场的开业盛景是万达惯用的模式，那么万达集团在青岛东方影都的启动仪式，则是王健林真正向外界显示万达实力的经典策划。

事实上，万达巧妙地利用其在文化领域产业链的资源，包括影视制作公司、AMC 院线和万达院线等来撬动明星资源，同时带动国内媒体宣传造势，加上青岛地方政府的支持，为青岛东方影都做了一次极其漂亮的市场营销活动。

以商业地产为依托，在影视、旅游文化、星级酒店等领域的全面扩张，助推万达逐渐成为商业地产领域的王者。正是因为对商业地产的这些探索，王健林在 2012 年再度荣获 CCTV 中国经济年度人物。美国知名刊物《外交政策》杂志在评选 2013 年在政治、经济等领域的百名思想家时，王健林榜上有名。

6

相约足球

足球之缘

1994 年，万达集团刚刚成立没几年，尚处于发展初期，全国上下大部分人都不知道它的存在，人们开始对"万达"熟记于心，是源自万达建立的大连万达足球俱乐部。

万达足球俱乐部，既让外界开始熟知万达，也让万达集团的品牌得到了人们的认可。或许有人会发出疑问，王健林不好好搞地产，缘何会建立足球俱乐部？而这一足球俱乐部的建立，究竟是足球改革的试验田，还是万达的华丽转身呢？

1992 年，邓小平的南方讲话让各行各业开始紧跟形势谋求改革。同年 6 月，中国足协在北京西郊红山口召开大会，将"改

革"提到了台面上，决定把足球这项世界上职业化运作最为成熟
的项目作为体育改革的突破口，中国足球开始转型。在此之后，
中国足球开始摸索着从专业足球向职业足球的转变。"红山口会
议"，被认为是中国足球体制转型的起点。

在中国，大连人民对足球的热爱有目共睹。这座城市，曾贡
献了最多的国脚，可以说大连是国足选才的仓库，国足踢得不
好，大连的国脚们首先被指责。

改革的信号，让喜欢足球的大连人闻风而动，脱离专业队体
制，也让地方足协开始摸索成立俱乐部的可能性。

早在 1991 年的全国足球工作会议上，原著名国脚、中国足协
副主席、大连市体委主任盖增圣，就在小组发言中提出了成立
"足球特区"的设想，这得到了当时分管体育的市领导的支持。

国奥兵败吉隆坡两个月后，大连市体委正式向国家体委提交
办足球特区的报告。5 月 8 日，体委即批文，同意大连成立足球
特区。

足球特区落户大连，这在大连人看来毫不意外，他们爱球、
会踢球的特点早已全国闻名。就像时任国家体育总局副局长袁伟
民说的：大连足球运动水平高、群众基础好，像大连这样条件
的，全国不多。

足球特区成立后的第一项举措是发行足球彩票。1992 年 7 月
4 日，为预测 7 月 19 日、26 日举行的全国足球甲级联赛 A、B 两
组共 18 场比赛结果而发行的 100 万张彩票，很快在大连售空。当
时的国家体委主任伍绍祖在考察大连时说，办特区，并不是要给足
球吃偏食、开小灶，而是要给足球"断奶"。袁伟民的说法则更直
接：如果靠上面给政策，给多少钱办多少事，那还搞什么特区？

按照盖增圣的设想，建设足球特区不能分批进行，时不我待，要盖房、装修一起搞。地产商出身的王健林显然深谙此道，一直与体委保持良好关系的他无疑看到了自己的机会。他所掌握的资本正是办足球特区最需要的，而俱乐部建制、企业成为主体、媒体转播时对企业品牌的扩大宣传，都是万达在扩展中可以仰仗的平台。就这样，400万元的赞助，让万达成为大连体委在筹备成立足球俱乐部时首先考虑的合作伙伴。

万达并不是第一个入驻大连职业足球的企业。1992年7月3日，经大连市政府批准，中国足球历史上首个职业足球俱乐部——大连足球俱乐部成立。从1992年到1993年，华录集团成为俱乐部的赞助商，球队也被冠名为大连华录队。

成立俱乐部，显示出了万达对足球的强大野心，在这方面，其准备得更精密，也更有诚意，他们积极地与大连体委接洽。

根据当时媒体的报道，万达和大连体委第一次接触时，大连队派出的朱可冬与当时万达派出的办公室主任范垂军是战友。这无疑加速了双方的信任。

第二次碰面，大连队派出有"足球活字典"之称的朱元宝与万达联系，朱元宝是个老球迷，他一心想找一位真正懂球并且能对大连足球出钱出力的人，王健林很合他的胃口。之后，大连队派出大连市足球协会常务副主席王克民与万达进行交涉，当时王健林正在外地，交涉的事就委托给了时任万达总经理的冷传金。冷传金十分善谈，很快与王克民敲定合作。

根据《中国足球俱乐部内幕》一书记录，1994年刚开始举办联赛时，大连队一度遇冷，时任市长亲自决定，由万达集团接下大连队。市长这一决定，给大连队带来了无限生机。

万达足球队

大连人喜欢足球，这让当地市政府看到了足球聚拢民意、提高政绩的可能。从体制内走出的王健林明白，足球是把自己的企业和当地民众、政府捆绑在一起的纽带，而涉足正处于转型期的足球职业联赛，则是自己赢得与政府对话权利的通途。

1994 年 3 月 8 日，在职业联赛第一个赛季开赛前一个多月，万达足球俱乐部宣布正式成立。

万达足球俱乐部的球员原本就拥有一定的能力，再加上有了雄厚的资金，犹如锦上添花，一发不可收拾，取得了 8 次夺冠的好成绩。当然，万达足球俱乐部能够取得如此骄人的成绩，是有很多因素的。比如，大连是一个足球城，这个城市拥有着浓郁的足球底蕴；以大连市领导为首的各个方面都对万达足球俱乐部予以大力支持；有像万达集团这样拥有雄厚资本的企业的大力支持等。

不过，最初的大连队虽然也取得了一些成绩，但由于并没有形成真正意义上的商业模式，加之政府提供的资金远远不够，导致大连队不能形成良性的运作，只能向一些拥有雄厚财力且愿意从事足球投资的企业寻求支持。

可以说，雄厚的经济实力是万达足球俱乐部 8 次夺冠的重要因素。当时，万达为了让球员全身心地投入到足球运动中，为球员做了他们能做到的一切。比如，万达足球俱乐部球员住在体育场时，万达为了能让球员安心练球，对球员的宿舍进行了装修，不仅铺上了地板，还帮球员安装上了空调。

当中国足协秘书长王俊生来到大连，看到万达所做的一切后，直夸万达了不起。

在万达还没有投资大连足球队之前的两年，大连足球队也曾进行过足球改革，并寻求星海电视机厂等企业的资助，但是，大连足球队的经济依然十分窘迫，生存十分困难。次年，足球俱乐部在棒槌岛会议后有了新的举措——在广东地区进行模拟赛，此举的目的，是希望通过比赛门票获得部分资金。可让人大跌眼镜的是，一场球赛结束后，客队和主队所得门票提成只有5毛钱。

为了能够让球员在南方更好地训练，教练孙孝成和指导员盖增君曾希望足球俱乐部的领导可以看望一下球员，但却遭到了拒绝。其实，他们并不是不想来看望球员，实在是囊中羞涩。那么，他们到底缺钱到什么地步呢？

腊月二十八，对于传统的中国人来说是非常重要的日子，人们大都忙着办年货，为过春节做准备，而足球俱乐部的领导王克民、朱可冬等人却在这时四处"化缘"（为俱乐部寻求经济援助）。

从足球俱乐部的辛酸往事中可以了解到，在万达还没有投资大连足球俱乐部时，足球俱乐部和球员的经济状况实在窘迫难堪。这也难怪中国足协秘书长王俊生，在看到万达足球俱乐部的转变时会露出惊讶的神情了。

大连足球俱乐部的领导研究了国外足球俱乐部成功的因素，发现他们都有一个或者多个拥有雄厚资金的企业支持。因此，大连足球队才产生了找有雄厚实力的企业来支持的想法。

当时，万达已经有了一定的规模，并参加了不少公益活动，比如建西岗区体育馆等，所以万达走入了大连足球队的视线。而王健林原本就非常喜欢足球，在看了大连足球队的比赛之后，开始钟情于这支球队。他心想，既然自己的事业已经做大了，何不为大连的足球队做一些贡献呢？由此，万达和大连足球队一拍即合。

在回答媒体的提问时，王健林表示："万达之所以投资足球，一方面是万达既然发展起来了，就要取之于民，用之于民，而搞足球投资就是做公益，多出一点钱赞助足球队，这比拿钱直接打广告强；另一方面，是万达想把足球当成一种产业来开发。基于以上的种种考虑，万达才作出了投资足球事业的决定。"

可以说，万达的品牌能够很快得到人们的认可，与万达投资足球有着不可分割的关系——万达足球俱乐部为万达提高了美誉度。

在1994年甲A联赛的最后一轮比赛中，万达足球队在四川挑战东道主——四川全兴队。四川全兴队在遇到万达足球队之前还没有输过比赛，他们也想在自己的主场一直保持不败的纪录。同样，万达球队也不想输，故此万达球队的球员在球场上十分卖力。

在比赛进行半个小时后，万达球队已经以3：0的优势领先四川全兴队了。万达球队的节节胜利，竟然让四川队的球迷临时倒戈，喊出了"万达队进一个"的口号。最后，万达足球队将第一个职业联赛的冠军收入囊中。

当时，这场比赛由香港电视台向全世界50多个国家和地区直播，万达足球队的表现给全世界的球迷都留下了深刻的印象。

万达足球队取得胜利后，国家体委主任伍绍祖对其取得的成绩表示祝贺。毋庸置疑，万达球队取得的胜利与万达的投资密不可分。

当然，万达也因此获得了一些无形收益。比如，万达足球队的辉煌战绩成就了万达的品牌美誉度和知名度。虽然万达在6年后退出了，但这一举动并没有对万达的品牌造成什么负面影响。

王健林对足球的投资无疑是正确的，虽然在中国足球改革这块试验田里，王健林和万达集团都成为了"试验品"，但万达却因为足球而名声大噪。此外，王健林还依靠自己敏锐的商业头脑，带领着万达拓宽了企业发展的视野，并由此开始向更广阔的舞台迈进。

足球老城

作为房地产开发商的万达，在大连持续获得成功，王健林也更加频繁地曝光于众人的视野中，并全力打造着极具话题性的足球事业。

斗转星移，江河骤变。王健林曾是足球职业联赛里当之无愧的"第一老板"，不过，至2013年，当广州恒大足球队树立起在国内联赛的绝对优势，并斩获亚冠冠军时，王健林与足球已离别13年了，他在2000年卖掉了心爱的球队。

是时，越来越多的人开始关注，在中国足球职业联赛一片大好风光之时，当年最成功的足球老板王健林何时归来？

2013年11月，一则来自意大利体育媒体《慢镜头》的消息称，王健林打算注资意甲豪门罗马队。这是一支主场在意大利首都的意甲传统球队。外媒的报道并非空穴来风，对于这位不断进行海外并购的中国首富来说，收购海外豪门也与他希望万达成为一家跨国公司的期待相称。

消息很快被"证伪"，至少在短期内，王健林并没有再次直接控制一支职业联赛球队的打算。他曾带领麾下的大连万达队称霸中超赛场、扬名亚洲。在远离足球后，他又掌控着万达这艘地产巨轮火速扩张，并把自己送到了中国首富的位置上。

当资产规模、可调动的资源以及个人和企业的影响力都大大优于十几年前时，王健林却对足球这项当时给自己带来丰厚品牌回报和名气的项目，保持着谨慎的观望姿态。

在万达尚没有巨额资金供给球队时，王健林舍得花钱，毕竟钱捆绑着球队的成绩，也左右着给企业带来的品牌效益；而后他慢慢做出了成绩，有了一定的资本后，他开始借由体育，与政府展开对话，以此收获更大的商业利益。

大连市体委副主任任举一清晰地记得，王健林与体委的第一次接触是 20 世纪 90 年代初，当时大连市西岗区体委领导准备在体育场附近建一座体育馆，西岗区办公室的领导便找到了王健林。

事实上，王健林和体委"姻亲"关系的建立比这还要更早一些，在他还是西岗区人民政府办公室副主任时，妻子林宁便在西岗区体委工作。

不过，这并不是王健林与足球正式结缘的因由。曾任大连市体委副主任、万达足球俱乐部主任的任举一回忆，王健林与大连足球的结缘，源自王健林本人深思熟虑后的商业规划。

当时，王健林找到大连市体委，表达了在体育场附近盖楼房的合作意愿。同时，也许是为了表示"诚意"，他决定出资 400 万元赞助大连足球队。这笔巨款，对当时的球队来说无疑是雪中送炭，如此，双方的合作也就水到渠成了。

可节外生枝的是，时任大连市副市长对此持反对意见，理由是：王健林在体育场附近兴建楼宇，必然会遮挡体育场视线，这与正在谋求各方面都与国际接轨的大连的城市定位和诉求不符。

就这样，盖楼一事夭折，可王健林最初的承诺却兑现了，他依旧拿出 400 万元赞助足球队。此事令其与大连市体委之间搭建起了友好往来的桥梁，也才有了后来组建的万达足球俱乐部。

当时的万达只是西岗区的一家房地产公司。在足球联赛刚刚起步，大部分国内企业还不能理解这项职业联赛可能带来的巨大回报时，舍得花钱的王健林抓住了时代抛给他的藤蔓，一路上升。

王健林接手大连足球队，既是他本人的爱好使然，又与当时大连市政府寄希望于借助足球打造改革形象关系密切。

大连是中国最早接触足球的城市之一，也是传统的港口城市。1905 年，辽东半岛从沙俄手中易主日本，港口便陆续开放，自此，大连港终日迎来送往，西方国家的商船鳞次栉比。也就是在这个空当儿，不少船员上岸后为打发时间，抑或为排遣海上单调生活带来的空虚，时而会搞一些业余足球比赛。

到了 20 世纪 20 年代，整座城市踢球的人多了起来。敷岛广场（1946 年后称为民主广场）西南边的小树林里安了两根用杉木制作的球门，大连的青年经常聚在这里，组队比赛。

早在 1921 年 3 月 10 日，中华青年会就成立了大连历史上第一支有组织的足球队——中青队。到了 30 年代，大连已经拥有 40 多支足球队。

1945 年，抗战胜利后，苏联方面屡次派遣球队到中国，把欧洲的足球技术带给了大连球队。

20 世纪 50 年代，大连球队开始显露出称霸全国的气势。1951 年，中华人民共和国第一届全国足球比赛大会上，以大连人为主的东北队以 6 胜 1 平 0 失球的战绩夺冠。大会评选出的第一届“中国足球选手”中，东北队占据 11 席，其中有 7 个大连人。

即使在物资匮乏时期，大连人对足球的投入和热情也是惊人的。大连造船厂队是一支为大连人争过面子，也让其他地方队甚至国家队颇为畏惧的球队。在大连，许多人都知道这种段子：人们宁肯不吃饭也要搞到一张球票；未来女婿去见老丈人，送一张球票远比送两瓶酒更能让人高看一眼。

1952 年，当时还叫"旅大市"的大连组建起了红黄队，在主场迎战前来挑战的全国体育总会训练班队，也就是当时的国家队。最终，比分定格在 2 比 1，大连队打败国家队的消息瞬间轰动全国。

1955 年，全国工人体育运动大会在北京召开，当时大连造船厂足球队代表全国第一机械工业部参加足球比赛，最后以 0 失球的纪录夺冠。运动会闭幕后，体委把造船厂的队员们留了下来，迎战新中国成立后第一支来访的非社会主义国家足球队——缅甸国家队。

缅甸国家队，曾被认为是实力不俗的来访者，赛前的舆论风向也普遍认为，这是一场只要打出风貌就可以算胜利的比赛。不过，造船厂队队员的表现让所有人都大吃一惊，上半场就以 5 比 0 领先，最终全场比分为 9 比 1，一时间上下哗然，造船厂队因此蜚声全国。

1983 年 11 月，足球工作会议在大连市政府的承托下隆重召开，会议上提出"奋战三年，冲出辽宁走向全国和晋升全国甲级队"的目标，此目标也一举成为当年全市的重点工作之一。

实力不俗的大连队，在 1984 年就提前冲甲成功。以往的中国足坛流传着一种说法：甲级队中都有大连人，但甲级联赛没有大连队。冲甲的成功，结束了这一局面。

在这之后，一直到职业联赛初期，大连队都展示出了惊人的实力。这支队伍，也成了后来的大连万达队的根基。

几乎所有的大连人都在期待本土球队能在甲级赛场上再次扬威，就像 50 年前的隆华队和 30 年前的红黄队、造船厂球队曾经做到的那样。大连人曾不无自豪地告诉游客，在这里，"连 70 多岁的老太太都知道，什么是越位。"

军人的足球心

足球之城大连，印刻着王健林对体育的热枕，更有其在商业地产上取得的辉煌成绩。2000 年，当他正式宣布全面退出足坛后，外界也从未质疑其对足球的热爱。而在离开之前，他为大连足球所做的一切贡献，至今仍历历在目。

当时，职业联赛的发展，把大连万达的品牌打向全国。王健林重金打造的豪华战舰，也一度为他带来了无数的荣誉。

1994 年，职业联赛元年，大连万达就拿到了冠军。1996 ~ 1998 年，万达连续 3 年获得甲 A 联赛冠军，更有着 55 场不败的辉煌战绩，也将中国足球顶级联赛历史上首个三连冠捧在手中。万达征战甲 A 的 6 个赛季里，获得了 4 个冠军。1996 年，球迷中间流行一句话：如果大连万达能保持最好状态，那么中国国家队就能赢球。

大连万达成为在甲 A 赛场上无往不胜的超级战队，这让爱球的大连人十分兴奋。

曾经跟随大连万达征战主客场的《大连日报》体育部主任姜末，描述了当年"足球城"的热情：在当时的大连，大家每周的日程安排都围绕着周末万达的比赛。周一、周二、周三，回顾温习上周的比赛；周四开始看赛场、买球票，遇到客场比赛还得订火车票、汽车票甚至机票；周五准备出发；周六、周日全家出动看比赛，如此循环往复。

当时，万达足球俱乐部主任任举一与市领导接触频繁，在他看来，市领导已经认定了足球是大连市人民的一张名片，故此其有依靠足球来宣传大连在国内和国际影响力的打算。

那时候，每逢焦点赛事，比如万达和上海申花的"连沪大战"，以及一些阶段性的总结会，市委市政府的相关领导都会到现场作动员。万达训练基地也是领导们经常光顾的地点。几乎每一场比赛的前后，上级领导都会为了鼓舞士气而对球队进行多种形式的祝贺、鼓励，个别时候，还会亲自看望球员、教练员。

任举一清楚地记得，1998年，郝海东曾以向裁判吐痰的方式表达对比赛的不满，将被禁赛一年。郝海东是大连的当家球星、头号射手，他的缺席会让志在再次夺冠的大连变得十分被动。

当时王健林也在现场观看比赛，他见此情形十分焦虑，连夜召开协调会，大连市的不少领导也纷纷到场。经过商议，王健林决定提出与中国足协私下协调的建议，以减轻对郝海东的处罚。次日，大连市的一个女副市长亲自去处理了此事。

1996年新年之际，任举一收到了市领导手写的贺年卡："你要带领全队从零做起，把丢掉的冠军从上海申花手里夺回来。"之所以能收到贺卡，是因万达足球队在上一年的甲A比赛中未能夺冠。

事实上，市长插手球队事务也是惯例。大连万达刚成立时，关于俱乐部建制即有明确的规定：大连万达是万达集团和大连市体委联建的足球俱乐部。在尚未完全职业化、市场化之前，政府在足球领域的发言权甚至可能比赞助商还大。

足球，的确为城市赢得了更多的关注和荣耀。职业联赛初期，大部分球队根植于特大城市或者省会，万达则是个例外。

足球让大连这座辽宁的海滨城市有机会扬名海外，一些经济发达国家的企业也慕名而来，了解投资环境、洽谈合作。大连市体委也积极地利用足球互访，为大连树立国际形象。足球为大连拉来了投资和人气，但企业本身更看重的，显然是足球所能带来的更为广阔的人脉和资源。

王健林在 1994 年接过大连足球队的接力棒后，身为大连市体委副主任的任举一成了万达足球俱乐部主任。王健林马上表态，会调遣一名万达集团副总配合他一同管理足球俱乐部。

刚创办万达足球俱乐部时，时任国家体委主任伍绍祖到大连访问，还将与市领导会面。王健林便和任举一同去见了伍绍祖，大聊足球，伍绍祖对王健林的印象不错。藉由此，王健林也得以在伍绍祖的引荐下见到了市领导。这张人脉网，也由此编织起来。

万达舍得花钱，王健林更不是一个吝啬的老板，尤其对自己喜欢的足球。曾有记者在 1994 年大连万达足球俱乐部成立 3 个月后拜会王健林。彼时，万达集团已经初具规模，王健林和记者预约会晤的时间数次被推迟。万达方面再三解释，董事长正与韩国、新加坡的两大财团洽谈数亿的大项目。

至今，记者还记得当时的情形：在大连市中心一幢不算豪华但颇具规模的大会客厅，王健林的大嗓门夺门而出："好了，这1000 万我答应了。"

记者形容王健林更像一位典型的军人："年届不惑，脚步咚咚作响，双手如钳子一般，'寸头'下一对锥子般的眼睛咄咄逼人，说话像下达军事命令一样简明清晰。"

那时的王健林，掌管着一家已经在大连房地产市场站稳脚跟的大企业，也正深入地涉足最为大连人所关注的足球。

如企业般管理球队

王健林是标准的球迷，他形容自己看世界杯"一场不落"。他定好了闹钟，不准备错过关键场次。

最让王健林觉得遗憾的，是世界杯上看不到中国球队。他称这是自己投钱赞助大连足球的原因："前些年公司没这个实力，现在有了点钱，理应挺身而出。""每年 400 万元，仅仅是个底数……随着公司的发展，投入还会增加。"

不过，王健林的遗憾并没有因为他对足球的全情投入而得到弥补，直到 2002 年韩日世界杯，他的万达球员郝海东、孙继海、张恩华才第一次出现在世界杯赛场。当时，王健林已经远离足球两年多，大连万达早已经更名为实德。然而，在足坛摸爬滚打数年的王健林显然看到了足球带给他和企业的便利。

根据《南方周末》的报道，王健林原本只拿出 400 万元作为第一年的足球投资，可到最后严重超支，追加了 200 万元，这的确让起步阶段的万达集团不堪重负，甚至"简直要了命"。一位大连市足协的负责人回忆说，看到这样的情形，王健林表示"明年搞不起了"，有退出足坛的打算。直到新加坡之行差点"遇冷"，才坚定了他的信心。

当时，王健林与集团高管同去新加坡访问一家财团，却吃了闭门羹。还是托了熟人，声明自己是"中国甲 A 联赛冠军球队的老板"，对方才松了口，以礼相待。

从新加坡回来后，王健林决定咬牙坚持继续搞足球。事实上，这不是王健林的企业第一次在谋求对外扩展时遭冷遇。

早在 20 世纪 80 年代末 90 年代初，王健林前往西欧，原本的计划是安排他会见某跨国公司的高管。对方在看过材料后很不客气：我们公司在全球赫赫有名，要与我们合作的公司不计其数，对于你们这样的小公司，我没有时间，也没有兴趣，如果你们执意要谈，先和我们的驻京办事处联系。

但在 20 世纪 90 年代中期，当时全世界最大的霓虹灯广告"万达集团"已经可以傲立大连市中心了，万达也不再是"小公司"。

王健林对足球有着自己的想法，他没打算"玩玩而已"，他希望谋取自己在球队经营和运作上的绝对话语权。他曾描述过自己对俱乐部的设想："通过资金杠杆，确立企业意识，彻底转换机制，按足球规律和市场规律办事，逐步过渡到以股份制为主的足球与经营为一体的具有独立法人资格的实体，并最终形成造血功能。"

这是典型的具备"青训体系"的西方足球俱乐部的运作方式。国外比较完善的青训体系有德国、西班牙、法国，以及美国、日本等国。

作为董事长的王健林，几乎主客场一场不落地追着球队走。据任举一介绍，星期天比赛，王健林星期六必到，星期六比赛，星期五必到。他会带着一个办公室主任或者部下，不仅一定到现场，而且每场球都要自己做赛前动员。

　　他甚至会亲力亲为地关照球队各方面的大小事务，包括引入外援。瑞典人佩莱是大连万达引进的第一批外援之一，头发披肩，用任举一的话说，"像女同志"。根据当时的规定，球员不允许留长胡须、长头发。

　　1996赛季，原本安排佩莱在一场对阵天津的比赛中出场，但万达在赛前接到通知，国家体委指示：佩莱不能出场。足协领导认为，佩莱的头发太长，必须剪。

　　更衣室没有剪刀，佩莱的首秀很可能泡汤，他一直叹气，颇有情绪。佩莱坚持认为自己的头发被迫剪掉是一件很可笑的事情，遂不同意。他要求万达放弃对自己的引进，放自己回瑞典。万达俱乐部立刻打电话请示，并获得了上层领导的临时许可：可以把头发扎起来、梳小辫，临时应付这场比赛，但回到大连后必须剪掉。

　　中方的条条框框惹怒了佩莱，回到大连，王健林带着俱乐部的管理层亲自到佩莱的住地，向他和他的妻子道歉。王健林动了真格儿要把佩莱留下，他拿着自己收藏的字画找到佩莱。最终，在王健林的劝说下，佩莱答应留下了。

　　据任举一介绍，万达对佩莱做了动员，象征性地剪去1厘米，并把头发给国家体委，"你看，我们剪了，头发都在这"，这才安抚了各方的意见。

　　王健林明白，除了作为老板的必要关怀，钱才是撬动职业球员最重要的杠杆。他试图用市场经济体制下的奖金去鼓励球员，从某种程度上说，这意外地开启了"金元足球"的先河。他说："我对足球队的第一次讲话就强调，每个人的贡献与利益紧密挂钩，收入进一步拉开档次，很可能相差几十倍。突出贡献者的报酬将不少于国外职业球员，并在公司给他们预留好位置，对表现差的，将不负责退役后的工作安排。"

在足球事业上，王健林一如打造企业般，希望"员工"的付出与回报相等，甚至回报要更高些。曾有媒体报道称，在比赛现场总能看到王健林提着装有百万现金皮箱的身影。

不少报道对当时万达的"金元政策"有过详细的描述。一次，大连客场对阵"八一"的比赛中，上半场大连队以0比2落后。王健林借用中场休息时间开始"动员"，把装着现金的箱子往桌上一拍："下半场扳回来，奖金翻番！"这剂强心针极大地刺激了球员——下半场，比分被扳平了！

当时有一个比较夸张的说法：有一种甜蜜的烦恼始终伴随着大连队的主教练和领队们，那就是数钱数到手抽筋。

那个年代，银行卡尚不流行，教练和领队得把现金数对了再给队员派发。不过，这一说法却被任举一否认了，他说这太俗气了，王健林也不会带现金去球场，但他在每场比赛之前确实会有一些承诺或奖励，比如汽车、房子和现金。

在对稳定的追求压倒对金钱渴望的年代，王健林还会许诺队员们在万达集团更为长久的位置。他告诉自己的队员：你为大连拼3年，万达保你30年。

那时，王健林把比赛奖金分成三个等级，一等奖金60万元、二等奖金40万元、三等奖金30万元，若是比赛赢了，就拿全额奖金，平局则拿一半，输了一分钱没有。每进一球，还会追加10万元。

在甲A的12支队伍中，大连万达是树旗最晚的一个。在1994年初赴昆明春训的前两天，大连队与大连万达的合作才最终落实。不过，新东家财大气粗，办事爽快。

接手球队后，王健林马上把队员工资增加到每个月4000～5000元，豪踞各俱乐部薪资榜的首位。甲A联赛第一年，大连客场3比1挫败吉林后，奖金最高为5000元。截止到当年8月份，万达对足球投入的经费已达300多万元，这也使得全年投入的资金超过了之前约定的400万元。

除了现金奖励，王健林为了更好地激发球员潜能，特地打造了纯金的球，每个球重为300克，是足量黄金。然而球员们似乎不太"识货"，而且他们也只是把"黄金球"看成一种纪念，远不如豪车、房子来得实际。

王健林也不负所望，以房子和奔驰级别以上的豪车诠释自己的王氏管理方式。

1994年时，仅仅是区域性企业的万达，就有了用自己开发的楼盘中的两居室作为球员奖励的先例；1996年，万达经营状况良好，业绩飙升，王健林也把奖金数额增至上百万元。而且，他将之前分给球员的小房子收回，给他们换成三居室的高级住房。

与之相比，上海申花在1995年夺冠时，全队得到的房子也只有4套。王健林显然更为阔绰，队员、教练、管理层都可以分到万达盖的房子。

任举一说："这些奖励都兑现得非常快，经常周末踢完比赛，周一休息一天，周二归队时现金、房屋或者车钥匙就能拿到手了。"

王健林所做的一切，都意在激励球员，故此球队成绩不好时，他最先感受到压力。1995赛季，万达一再输球，毫不设防的王健林曾对着媒体吐露自己的郁闷："像我们这样的民营企业，每年拿出1000万来搞足球，不容易，我不拿，任何人说不出什么，这 1000 万拿出来，我们的员工就要少分。前不久，队里反映没有交通工具，我马上给买了一辆，花去了 50 万。最近又投入 200 万，与石灰石公司合建一座训练基地。基地有两块场地、一座小楼，房间里有空调、卫生间。去年我答应队里三套房子，现在我给了五套……作为一个足球老板，该做的我都做了，我总不能代替球员上场吧？"

王健林确实舍得给足球花钱。有人把王健林和用金钱包装切尔西的俄罗斯巨富阿布拉辛诺维奇相比较。不过，除了同样砸钱买球员外，两者并没有太多相似之处，况且，远离市场化运作的王健林比阿布拉辛诺维奇出道还要早十几年，他的足球事业也得到了大连市的大力支持，市领导甚至帮助万达足球队引进球员。

据知情人透露，1997 年，王健林想把郝海东从"八一"足球队转到万达。不过，当时郝海东是"八一"足球队的主力，还是部队编制，转会的手续十分麻烦。为此，市领导出面与部队方面联系，最终成功令郝海东转会，使其进入万达足球俱乐部。

当时王健林为了引进郝海东，支付了 220 万元的天价转会费，其后郝海东又得到了北京的一套住宅、大连的一套住宅和豪车。可以看出，王健林为了吸纳人才，当真是毫不在意所付出的代价。

在足球事业上，王健林并不把称霸甲 A 赛场当成终极目标，他有更大的野心。在已经视甲 A 冠军为囊中之物后，王健林表态：大连万达队下一步还要去夺"亚俱杯"（亚冠前身）冠军，要为中国足球早日冲出亚洲走向世界做出贡献。遗憾的是，他并没有如愿。

万达与亚洲冠军距离最近的一次是在 1998 年。在亚俱杯决赛里，万达与韩国浦项制铁队的对战十分激烈，历经 120 分钟都未能分出胜负，比分为 0 比 0。最终，在点球大战中，万达负于对手，屈居亚军。

泪别绿茵场

万达足球队很受政府的重视，不过，在真正的管理上，万达却始终受制于政府。这种无法放开手脚的管理方式，让王健林颇有怨言，据悉，他曾多次与市领导在球队管理上起冲突。

一次，任举一参加大连市政府在外地召开的内部会议，看到了王健林与市领导之间的摩擦。除了这一次，1998 年时，王健林有意换下教练迟尚斌，让徐根宝接棒，原本所有的事情都安排妥当，只差开发布会了。任举一说："这时市领导把王叫到了办公室，对他说原来的主教练迟尚斌是被市里重点表彰过的人物，怎能说换就换？"后据《南方周末》报道，王健林被数落了一番，最终还是让迟尚斌做教练。

王健林后来在一次采访中透露了此事的原委："今年（1998年）年初，迟尚斌通过口头和书面辞呈提出辞职时，离出战亚俱杯还有两周，据甲 A 开赛也不是一个月，因此选择一位称职的主教练成为当务之急。"

换句话说，当时关于聘请新主教练的意见，大连市和万达俱乐部已经进行了协商，在考虑到备选教练的资质、名气以及档期后，双方达成了一致——选择徐根宝。

王健林给徐根宝打电话，徐根宝也表现出了兴趣，次日便从广州飞到大连，双方一拍即合，达成了初步意向。

正在这个当口，迟尚斌提出希望能带队打完亚俱杯再离开。

"俱乐部曾担心徐根宝不好说话，让王健林意外的是，徐根宝表现得很大度。即使回到上海后，也没有对万达方面进行指责。"这件事令万达上下对徐根宝产生了好感。亚俱杯后，迟尚斌辞职，徐根宝走马上任，成为新任主教练。

当时，徐根宝离开上海申花后，是在口头答应广州一家俱乐部的邀请下又同意进入万达的。而就在马上要开新闻发布会时，他得到通知：市长正在视察，得延后签约。待市长视察完毕，与徐根宝会面，不过市长自始至终未曾提及关于徐根宝带队的事情，只是告诉他，"不妨先在大连四处转转"。

最终，徐根宝倒是与万达签订了工作合同，可当时还是两手空空地离开了大连。当时是大年三十，徐根宝索性没回家，提着行李一个人在上海街头走到半夜，最后躺在了宾馆里。

当时的王健林也遭遇了过山车一般的心理落差，心情并不比徐根宝好。他没想到自己已经敲定的教练人选横遭干涉。

后来徐根宝回忆，他见到了从市长办公室出来后气冲冲的王健林。王健林把一张纸团扔在自己的面前，上面写着："坚持自己的观点，不要变。"王健林告诉徐根宝，迟尚斌还要继续干，这次对不起了。

徐根宝是上海申花的功勋教练，大连球迷对他抱有不信任的情绪。职业联赛头几年，"连沪"争霸被称作"国家德比"，两市的球迷也掐得厉害。正是徐根宝带领上海申花在 1995 年联赛夺冠，使万达蝉联甲 A 冠军的美梦破碎。甲 A 联赛前 4 年里，大连三夺联赛冠军，唯一一次失利，就是栽在了徐根宝的上海申花手里。不过，这不也正说明其有能力吗？

对于聘请徐根宝一事，王健林有一种不达目的不罢休的气势。一个月后，万达又找到了徐根宝。这一次，迟尚斌接受国家队教练组的召唤，并且向万达提交了书面报告，确定离开，徐根宝终于得以名正言顺地进驻万达。

1998赛季，面临巨大压力的徐根宝没有辜负王健林的信任，带领万达夺了冠军。

可惜，好日子并不常在。万达屡次夺冠，使得球迷们的胃口也越来越高。而来自大连政府的压力和足坛赌球黑哨的横行，逐渐让王健林萌生了退意。

1998—1999赛季亚俱杯第一轮大连万达主场比赛开始之前，王健林在场边和央视足球解说员刘建宏聊天时吐露了退出的想法："5年来，真的对中国足球的很多现象深恶痛绝，但更苦恼的是自己无能为力，假如明年一切如故的话，万达集团将有可能退出。"

外界的流言蜚语层出不穷，然而不管外界如何疯传，王健林本人从来没有提及自己和政府在球队管理上的分歧，他坚称自己的退出，是因为足坛竞争环境的恶化，绝不是因为钱。"6年我们总共投入3个多亿，收回1个亿，净投入2个亿。"他反复强调，退出只是因为看不惯。足坛假球、黑哨的盛行，万达夹在中间很难再有突破，"一年几千万，我花得起，把名声搞臭了，我就赔不起了。"

不过，万达集团在这期间确实也遭遇了经营瓶颈。后王健林回忆："万达在1994年的销售额是29个亿，占了当时大连房地产份额的20%以上。但我们从1994年之后就开始下滑了，一直保持在16个亿，想要突破20个亿很难。"

1998年9月27日，在大连万达对战辽宁队的足协杯半决赛中，王健林因对主裁判3个点球的判罚不满，继而宣布"永久退出中国足坛"。这成了万达全面退出足坛的引线。

表面看上去，王健林似乎有些冲动，但对他而言，这并非一拍脑门的决定，宣布退出的第二天，他就召集记者重申了退出的打算，并将矛头指向整个中国足球。接着，万达集团公布退出方案和其他企业接手的条件。其中，提及了最为关键的内容——关于冠名权和整体出售转让包括基地和三线队员在内的问题。王健林动真格儿的了。

王健林从来没有提到过任何与公司业务、经营和地方政府偏好有关的考虑，只是不停地强调自己对于假球、黑哨的无奈："有这些存在，中国足球永无出头之日。"

王健林公开发表退出演说后的很长一段时间，大连市政府都保持着沉默，这多少让人感到有些意外。

1998年10月7日，王健林宣称退出足坛20天后，大连市委、市政府领导来到万达足球训练基地，看望球队的教练员和队员。市领导肯定了万达对大连足球的贡献，同时也为之后局势的变换给队员交了底。

市领导强调了企业对中国足球的参与和退出都是他们的合法权益，并表示：大连市委市政府不会让大连足球中断，无论将来如何，大连都会有一支优秀的球队。

有趣的是，市领导视察万达足球训练基地时，王健林并没有到场。

在得知王健林放弃俱乐部后，徐根宝随即声明，自己会在1999年离开万达。徐根宝是王健林力主挖来的教练。有媒体报道，在联赛尚未结束的敏感时期，徐根宝提出了自己的去向，只能表明一点：这里的足球环境已经发生了某种不适合他继续干下去的变化。

是年年初，在大连国际服装节闭幕式上，当率大连万达第4次夺冠的徐根宝露面时，市领导还曾如此恭维道：根宝，你做市长比我受欢迎。

当年在万达三连冠的庆功会上，大连市领导与参会人员一起合影。刚开始，领导们坐中间，王健林和徐根宝坐最左边。照了一张后，市领导喊了停，招呼徐根宝坐到中间。当天晚上，大连就传出，因为市领导的挽留，徐根宝不走了。

不过，王健林并没有受到市领导的"礼遇"，对于万达的退出，市长给出的信号也一直暧昧不明。而王健林的退出决定，也一度让徐根宝下决心离开。

在徐根宝发表1999年将离开万达的声明后不久，四川方面曾抛来橄榄枝，力邀徐根宝加盟，原本双方都已经谈妥，快要在合同上签字了。可是，市领导的极力挽留，让徐根宝难以拒绝。市长在内部会议上表示，1999年是建国50周年，大连建市100周年，而足球上仍要继续夺冠，故而王健林和徐根宝都不能放走。

后来徐根宝在自传中写道，1998年底王健林突然喊他去，告诉他："根宝，情况变了，市长召开了市政府足球内阁会议，在会上决定让我继续搞万达队，而且让你继续做教练，也不放海东去英国了。"

王健林留下了，但他似乎已经心灰意冷。1999年的大连队甚至一度在降级区周旋。2000年，在足坛扫黑反赌风暴来临前，万达的品牌完成了与足球最后的切割，大连万达足球俱乐部成为历史。

大连人万万没有想到，王健林会卖了自己的球队。他们依据的理由是：万达队是"大连四宝"之一，大连政府怎么会放走万达呢？

万达全身而退后，实德接手了俱乐部。

1999年12月24日，大连实德集团从王健林手中接过了足球俱乐部以及足球基地等优良资产。当时的转让合同书显示，转让费用在1.2亿元人民币，其中现金5000万元，其余部分"通过实德集团指定的承贷单位承担万达集团在建设银行大连分行的贷款来支付"。

历经1年的过渡，2000年，大连万达全面退出。

1999年，王健林亲眼看着实德足球俱乐部正式取代万达足球俱乐部，他的内心不禁涌起一股酸涩。任举一回忆说："正式改名的那一天，当时王健林准备去参加一个活动，临上车之前突然转过头和我说，'真的不甘心'。"

在《大连日报》体育部主任姜末看来，王健林是"真球迷"。他看球员的眼光很准的，引进小王涛、郝海东，签下教练科萨都是个例子。

王健林很喜欢大场面，更不吝于为球队花钱。原万达足球俱乐部副主任张家树曾回忆起一件事，在1996赛季，他曾斥资13万元买船票包船，带着1000多人的球迷助威团，却只是为了看万达在天津的客场比赛。由此足见王健林对足球的爱。

任举一说："他希望足球能给城市带来荣耀，自己的名气就自然而然有，所以不小家子气。"1996赛季，万达队也不负所望，在多达55场的联赛中从未折戟，这令王健林十分自豪。

后来，王健林看到恒大在足球上取得的成功时表示，万达走的是一条截然不同的路。万达所凭借的，是根植于大连市的优沃的青少年足球土壤和青训体系。

　　2005年，王健林在复旦大学的一次演讲中提到过回归足球的可能性："回到中国足球，要了解我们为什么退出中国足球。有两个原因，一是对这个体制感到无奈，是官办足球，我只有拿钱的命，没有任何话语权，我觉得没意思；第二点，我们集团进来以后没有制止住，我什么时候进来？把官办足球变成市场足球后，我一定会回去，只要我回去，一定是最棒的。"

　　退出足球后，王健林把全部的精力放在了万达集团的经营上，他的万达广场随即开始在全国各大城市逐渐铺开。

7

难舍足球情

回归足坛

2011年7月3日，曾经毅然宣布退出中国足坛的万达董事长王健林，宣布将重返足坛。与十几年前不同，他没有选择注资任何一家俱乐部，万达的计划是：未来3年至少出资5亿元，达成与足协的战略合作，其中的重点是冠名中超联赛，以及扶植青少年足球。

早在2011年1月，在时任国务委员刘延东的主持下，召开了一场旨在振兴中国足球的工作会议。这次会议带来的信号是，"中央十分关心足球运动的改革和发展"。王健林当即表示，但凡中国足球有需要，万达绝对会大力支持，几个亿都不会是问题。

口头的承诺在半年后兑现。7月3日，"中国足球协会与万达集团战略合作签约协议"在北京理工大学举行。根据协议，万达集团3年至少出资5个亿，全面支持中国足球的振兴。同时，万达赞助的"中国足球希望之星赴欧洲留学"正式启动，成为职业联赛历史上，甚至是中国体育史上，单笔赞助资金的最高纪录。

活动结束后，刘延东握着王健林的手说："你做了件好事，特别是在中国足球低迷时，更有意义。"王健林没有打算靠赞助足球来直接给自己赚钱，他有更为长远的打算。

"赚钱是不可能的，但也不能算是政治任务吧。你不做，领导也不会强求你。"王健林认为，能达成合作，是上级要求和自己意愿两方面结合的默契。王健林认为，自己之所以能在心灰意冷后再次萌发投资中国足球的想法，是由于2009年足坛的打黑反赌运动给了他信心。

王健林说："要想使足坛净化，起码高层要保持这种高压态势，之所以我愿意回来，也是了解到今后中超比赛、国内比赛，公安部始终会参与。用高层领导的话说，就是'始终保持高压态势'。"

万达与中国足协的3年5个亿协议包括6个方面：第一，中超联赛将由万达冠名举办；第二，开展16岁以下青少年的选拔工作，并带领优秀足球苗子前往欧洲顶级足球俱乐部进行深造；第三，为全国青少年联赛出钱出力，壮大青少年联赛；第四，不惜大价钱聘请国外顶级教练担任主教练；第五，深化改革裁判考核和奖励制度；第六，大力扶持中国女子足球队的发展。

有了钱的足协开始了一轮声势浩大的选帅，随后，西班牙名帅卡马乔入主国足。但很快，王健林就发现自己的钱没有花在刀刃上。

2011 年，足协与卡马乔签订了一份 3 年半的合同，合同为卡马乔的教练组团队开出了税后 430 万欧元的年薪，这在世界足球教练薪资榜上可以排进前 10 位。不过，合同中并没有任何关于成绩上的硬性规定和考核标准，也就是说，中国足协无权单方面解除卡马乔的合同。

所有人都期待西班牙名帅可以带领中国足球闯进 2014 年的巴西世界杯，可令人失望的是，中国队连十强赛都没进去。

球队面貌无改观、亚洲杯预选赛小组未出线，卡马乔"下课"的声音始终没断。可是，双方的合同中并没有限制性条款，卡马乔依旧拿着高薪，留任球队主帅。直到 2013 年 6 月 15 日，国足 1 比 5 惨败于泰国队，在忍无可忍的中国球迷的怒骂中，中国足协才下狠心让卡马乔"下课"。

足协下不了决心让卡马乔"下课"的最大原因是钱。由于中方单方面解约，卡马乔依照合同，提出了天价的赔偿金。掏了钱还折了本的万达拒绝再为卡马乔的违约金埋单，这让足协尴尬不已，也让签订"愚蠢"合同的足协成了众矢之的。

最终，卡马乔与中国足协解约，但解约金成了"秘密"。

2014 年 7 月，中央专门成立巡视小组，足管中心的名字赫然列在第一批巡视的名单中。巡视开始前，召开了工作动员部署会，王岐山作为小组组长在会上明确表示："哪里问题集中就巡视哪里。"

新一轮审计中，包括对卡马乔合同的审查，万达也许可以通过审计为自己投进去的钱"讨个说法"。不过，砸过大钱的王健林明白，钱可以迅速提高一支队伍的成绩，却并不能拯救中国足球。"中国足球最大的问题是制度设计和制度改革。"他承认，自己"只是赞助者，出钱的人"。

曾经在更衣室自己训话的王健林不再计较对一支球队的控制，他开始在顶层设计中，谋求自己的话语权。

王健林与中国足协的合作，基于"3＋N"合作策略，即3年之内万达向足协投资5亿元，此次合作结束后，是否追加投资，取决于中国足协的表现。

曾经，王健林需要足球带来的声名和所提供的直接通达上层的路径，但在万达已经成为国内最有能力调动政府资源的大企业之后，这些对他来说已经不那么重要。他曾在中国足球开始的年份重金打造辉煌的万达战队，又在嗅到不寻常气息后全身而退；他对足球满怀热爱，舍得投入，不计较一城一池的得失，但他同时也是个精明的商人。

对王健林来说，5个亿不算大投入，十几年前他曾在万达足球队身上掏过比这更多的钱。然而，与同样是投资者的宋卫平、李书福不同，他从来不会一无所获。

万达与中国足协签订了合作协议，这无异于王健林向中国足坛扔了一枚原子弹，立刻引起了媒体的一阵热议。尽管双方所签订的协议很快便浮现出来，但各种猜疑依然如雨后春笋般遍地而生。

其实，早在王健林宣布将重返中国足坛的那一刻起，外界的议论声就没有停止过，甚至还有球迷称，一向一言九鼎的王健林终于也有食言的一天了——1999年，王健林曾当场对媒体宣布："永远退出中国足坛"。

但可以明显地感觉到，这话是充满"褒义"的——因为不仅中国的球迷，那些曾经在原大连万达足球俱乐部踢过球的球员们也为之一震，他们早就盼着王健林能够早日"食言"。

虽然中国足球的水平不尽如人意，但是依然有很多人喜欢中国足球，比如中超的每一场比赛中，都至少有1万多名球迷前来观看。这说明，中国足球仍然是第一大国球，而这也是促使王健林重新回到足坛的一大原因。

在王健林看来，中国的足球产业已经成为一条必行之路，而这一点在国外早就已经成熟，很多竞技体育项目都成了体制健全的职业比赛，比如职业拳击、斯诺克等。王健林认为，中国足球之所以会出现此时的"走麦城"，并不意味着其没有向职业迈进的能力，而是体制上的问题。

另一个促使王健林重返足坛的原因，即是政策。时任国家副主席的习近平也多次发表讲话，称一定要把足球搞上来。后来，刘延东也多次找到王健林，希望万达能站出来支持一下足球。此外，王健林对中国足球有着深厚的感情，这是一种难以言明的情感，因此，深思熟虑之后，他决定再次回归足坛。

实际上，王健林对中国足球又爱又恨，心里有一种恨铁不成钢的怒气。在央视做节目时，他对中国足坛的种种弊端直言不讳，对存在的腐败现象尤为反感，甚至反复向体育总局反映情况。可惜的是，中国足坛想要彻底改革绝非易事。中国足坛确实让王健林伤了心，此后他对足球绝口不提。其实冷漠只是表象，他骨子里依旧对足球充满热情。

王健林承认，他当时一怒之下做出离开足坛的决定，是在气头上，虽然发誓不再沾染足球分毫，但这么多年来，他始终难以割舍下对足球的感情。对他来说，足球也是他的梦想。

事实上，王健林重返足坛是可以料想的，因为外界知道，他并不是真的恨中国足球才告别足坛的，他只是希望中国足球能够在一个公平的、更为宽广的平台上健康地发展。

因此，当他重返中国足坛的消息传出之后，很多人都认为一定是中国足协对他有所"妥协"了，否则他怎么可能仅仅是拿出钱来支持中国足球呢？

还有人怀疑起了王健林重出江湖的动机，认为他此次重返中国足坛，目的决非仅仅如当年一样组建一支战无不胜的超级球队，而是要入主中国足球，甚至是重组中国足球。

尽管万达已经与中国足协签订了战略性的合作协议，但是外界却始终认为，王者归来后，决非这么简单。因为企业入主足球，虽然给中国足球增添了许多活力，但对企业家而言，他们不可能只是出于自身的一种爱好而拿出大把金钱涉足中国足坛。就像王健林进军电影产业时说的一样，商人讲求的是利益，并不会高尚到一味地向外推介中国电影。事实上，王健林进军电影产业后依然是向全世界弘扬中国文化。

那么，此次他重返中国足坛，又会有着怎样的"产业布局"呢？作为多年从事商业并取得了巨大成功的优秀企业家，他面对如今"身陷图圄"的中国足坛，又有着怎样宏伟的抱负呢？

谨慎拥抱

随着与中国足协成功签订协议，王健林一再向外界表示，他并没有入主中国足坛的意思，但是外界却始终不相信这一点。当然，王健林"食言"重返足坛有着很多复杂的因素，关键点还在于他心中那份对中国足球的热爱，正是出于这种无法割舍的热爱，才让他在中国足球处于低谷之际，毫不犹豫地伸出了援助之手。

此次王健林回归中国足坛，主要是为了从根本上提升中国足球，就像万达的目标是成为世界级企业一样。比如，在万达与中国足协的协议中，就有明确的一条约定，即要定期选拔出一定数量的优秀青少年球员到国外学习和接受培养。

仅就这一点而言，乍一看，似乎并没有什么特别之处，因为类似的"留洋计划"并不是从王健林开始的，很早之前，在各行各业中都有过此类情况，可产生的效果并不明显。王健林深知这一点，因此制订的这一计划被定名为"希望之星"，也就是说，这一次，王健林把提升中国足球硬实力的目标定在了下一代身上，所以这项计划长达3年。

只要哪个有潜力的青少年球员被选中，那么他就可以在这3年中全额享受到来自万达资金上的资助。这个计划采取的方式是——被派出去学习的年轻球员会被分散到国外的一些俱乐部里，向那些国外的球员学球，同时还会接触和学习当地的语言和文化。

王健林的目标，是那些有着很好群众基础的欧洲国家，比如西班牙、德国、意大利等，并且选择的都是那些世界顶级的足球俱乐部，像拜仁、巴萨、米兰等，这些球队都可能成为青少年球员的落脚点。

在王健林看来，中国足球之所以没能踢出亚洲，是由于国内的群众基础不够扎实，这从青少年从事足球运动的人数上就可以看出来——据不完全统计，目前中国从事足球运动的青少年只有1万人左右，仅仅与同在亚洲的日本和韩国相比，其差距就大得惊人——日本和韩国在这一数据上都达到了100万人。

仅从这一点上，王健林就明显感到了差异，因为一项体育项目是否能够在群众中得到普及，是决定这项运动能否很好发展的关键。比如，乒乓球之所以成了中国的国球，是因为几乎在中国的任何地方，都可以看到乒乓球的桌子，人们热情参与的结果，促成了中国在近年来一直独霸乒乓球冠军宝座。

因此，王健林将目标对准了青少年，他的目标并不是寄希望于短期内改变中国足球的现状，而是期待在未来 8～10 年内，让中国足球真正强大起来。

这就不难看出王健林对中国足球的一片拳拳之心，此举也得到了足协的肯定与赞赏。然而，在外界看来，万达此次与足协的合作，并不是简单的第二次握手——很多人认为，企业家虽然都热衷于慈善事业，但他们不是纯粹的慈善家，他们不可能不计回报地将钱源源不断投入到某一项"慈善事业"中。

对此，王健林也坦言，尽管他的"希望之星"计划很好，但是否能产生良好的效果，起码要在几年以后才能看到成果，到时若没有效果，他会考虑是否继续执行这一计划。

在制订"希望之星"计划的同时，王健林还以每年 6500 万的价格买断了曾一度"裸奔"的中超联赛的 3 年冠名权。这也就意味着，万达实际上成了中超联赛的一颗救星。

不仅如此，王健林还出资赞助国家女子足球队，因为他认为，一项体育项目的提高需要全方位去展开，这样才能真正提高其竞技水平，尽管女子足球没有男子足球那么火爆，但在体育竞技方面，女队往往比男队更容易出线。此时王健林入资中国女队，更是提升了中国女队的士气，他不仅出资为女队聘请教练，还将冠名中国女足超级联赛。

不少媒体认为，王健林的举动所面对的是整个中国足球界，那么，一个商人为什么会有如此大的手笔呢？在万达如此挥金如土的背后，究竟是否有着什么不为人知的秘密呢？王健林对此也毫不讳言，他这么做的目的，就是想振兴中国足球，实现走出亚洲的梦想。

同时他也表示，仅仅做到这些并不能真正改变中国足球目前的现状，最终还是要回到体制上来。而在体制未能及时做出改革举措之前，他有自己的做法，并且这一点被明确地写在了协议上，即由万达出资为中国足球队聘请外籍教练。

尽管在与中国足坛的再一次拥抱中，王健林并没有像传言中那样，入主足协或是重组中国足球，但对于深知中国足坛状况的他来说，他真甘心在不改变制度的情况下进入中国足球吗？抑或说，他真像媒体猜测的那样，已经得到了体育总局或中国足协的某种"默许"？

从种种迹象来看，王健林此次重返中国足坛，每一次出手都透露着中国企业家的豪气，但是没有显出什么傲气，而是在一步步落实着自己在协议中的承诺。

足球事业的"烧钱"梦

如今，只要一提到王健林，似乎就会勾起许多球迷的美好回忆——球场爆满、球星云集，而足球的魅力也因此再次被淋漓尽致地展现出来，最原始的激情与冲动，就像一位久违的朋友，再次将球迷的激情点燃。

拿破仑曾下定结论，世界上能够驱使人们行动的力量无非有二，分别是利益和恐惧。由此可以断言，王健林重回足坛，拿出数亿元来赞助中国足球，绝不会不图回报。

　　有人认为王健林此次进军中国足球，显然是出于宣传目的。因为从企业的角度来看，与其拿出大把金钱做广告，还不如将这些钱"捐"给足协来发展足球事业，这无疑会引发极大的轰动效应。

　　无论外界对此有多少种言论和猜测，王健林都表现得十分平静，他表示，尽管他在此次重返中国足坛时显得有些出手过于大方，但这也是他做事的一贯作风。

　　王健林做事有一种比较鲜明的作风，在发展万达酒店和万达电影院线时，他采取的同样是这种方法，并且在刚刚组建大连万达足球俱乐部时，他"烧"钱"烧"得更是厉害。

　　比如在20世纪末，当时大连万达俱乐部的队员郝海东每个月的工资便是3万，而这相当于当时一个普通家庭一年的收入，其他球员每月的工资也有两万，可这些在王健林看来都只是小儿科，因为当时他有一个众人皆知的口号："比赛拿下，奖金翻番！"因此，大连万达足球俱乐部的赢球奖金经常是80万，有时一场比赛下来，整个球队获得的奖金竟然会高达100万。

　　这些数字，不仅在当时堪称天文数字，即使放在今天低迷的中超联赛，也是高不可攀的。而除此之外，还有许多隐性的收入，比如万达足球俱乐部得到了万达的"福利房"等等，这些都极为高调地支持和膨胀着球队队员们的欲望。据一份不完全统计，在1997年以后，大连万达足球俱乐部每年的花销都在5000万元以上。

　　当时赞助成立足球俱乐部的幕后老板们同样如此，只不过，相对于王健林而言，其他老板都没有他这么豪爽而已。

　　换句话说，"烧钱"成了那些进驻到中国足球领域的老板们的一个共识，因为相对于动辄数千万的广告费而言，通过足球他们能在极短的时间内为企业树立起一张名牌，使企业迅速走红。王健林对此并不否认，毕竟万达的迅速成长在很大程度上都得到了这一助力。

当初，大连万达足球俱乐部组建之后，王健林便在大连开始的商业地产项目上得到了大连市政府的大力支持。与此同时，万达也由于入主足球，在全国树立了很高的威信，这使万达日后立足大连，向全国辐射的进军步伐在速度上得到了巨大提升。

从这个角度来看，王健林重出"江湖"后对中国足球的一系列支持行为，其目的是显而易见的，这也就不难理解他为什么在如此时刻对中国足球提供大力帮助了。当然，王健林这么做，对于一个企业家而言，也是正常行为——王健林首先是商人，他的所行首先要保证企业的进一步壮大，这也是在"帮扶事业"上出钱出力的前提。

很多业内人士都十分羡慕王健林出手之果断。而一直对股市有较深理解的王健林，虽然对股市没什么好感，且当年退出中国足坛时对媒体表示，当前中国足球和股市一样"害人"，可他却对市场这盘棋看得十分透彻，在中国足球处于最低谷时果断施以援手。

他这种"抄底"中国足球的行为，时机把握得相当准，甚至有人认为，以王健林果断"入市"的速度看，他的投资理念，绝不亚于被中国股民称为"股神"的沃伦·巴菲特。

诚然，不管王健林出巨资帮助中国足球到底出于什么目的，都是无可厚非的。而王健林称中国足球根本不差钱，此话也是不假的，当年中国足球请来马拉多纳执教国家足球队，也一样花了重金，足协对此也给予了大力支持。

对此，很多关心王健林的人都为其捏了一把汗。既然中国足球不差钱，那么他用提高教练和队员薪酬的方式，能让中国足球取得立竿见影的提升效果吗？

这种担忧并非是杞人忧天，早在大连万达足球俱乐部时期，万达的队员在高待遇之下，也并非都会全力以赴。而对于中国足坛而言，在制度上未能得到全面改革之前，也就是中国足协并没有完全脱去官方外衣的时候，用这种高薪的方式，是否真的能根治"足坛腐败"，仍需时间检验。

对于足球裁判方面，王健林的理念是：如果让一个足球裁判每年拿到三四十万的年薪，每公正执法一场足球赛事可以得到1万元，那么很多人都乐意做这个工作。如此一来，整个裁判界就很难再出现那种吹黑哨的行为，因为工作待遇好，你不做有的是人做，裁判心中就会有一定的危机感。

这一点，在国外的各种体育赛事中体现得很好。在诸如拳击、斗牛、足球、台球等各种比赛场上，经常可以看到很多"重量级"的裁判，他们大多头发都已经白了，却依然活跃于各大比赛现场，也得到了很多观众的好评。

从某种程度上来讲，王健林用"烧钱"的方式对待当前的中国足球，其实也得益于国外的经验，目的就是使中国足球在完全走向市场化的过程中，得到一个平稳的过渡——中国早已加入WTO，而随着全球经济一体化的不断推进，不仅像万达一样的企业要有立足本土面向世界的胸襟，即使是其他行业，也应当站在这一高度去要求自身，这样才能不断缩短与发达国家之间的差距，让中国真正成为一个世界强国，而不是仅仅以GDP总量的数据来说话。

　　王健林没有像外界猜测的那样入主中国足协，却在以自己经营万达时的理念用不同一般的"烧钱"方式推进中国足球产业化的早日实现。而对于从不差钱的中国足球而言，王健林始终坚信，要想让中国足球顺利健康地发展，必须用钱来"烧"。

改革之路

　　12 年前，王健林气愤之下离开了中国足坛，这在当时曾引起一片哗然；而 12 年后，当王健林再次回归中国足坛时，同样引来了社会上的广泛议论和关注，有不少关心王健林的企业界人士还戏言："这一次千万别再把王健林给气跑了。"

　　虽然王健林做事的风格仍然和以往一样，但他决不会再像 12 年前那么冲动了。因为他知道自己此次回归中国足球是为了什么。

　　王健林对中国足球的心思，与那些经营过足球俱乐部的企业家们一样，在他们看来，中国足球要想健康发展，就必须先让中国足球从官方的影子里走出来，这样中国足球才能真正实现完全和市场接轨，成为一种产业。

　　这也就是说，只要不脱去官方的外衣，中国足球很难得到更大的发展，不仅如此，还有可能会慢慢走进一条死胡同。但是，改革总要有一个过程，从中国足球协会的成立时间来看，也不过短短几十年。当时新中国刚刚成立，百废待兴，中国经济还没有得到发展，足球则更难得到大发展了。在当时，中国的很多产业都归国有，这是时代留给人们的。只不过，随着中国经济的高速发展，以及全球经济一体化的不断推进，国家的体制改革也随之而来，可很多机构由于其中牵涉过多而不得不暂时被搁浅在工作日程上，中国足协正是这样一种情况。

当年，王健林宣布退出中国足坛之后，曾不断反思，其实不仅仅是足协，包括其他运动项目，如乒协等，实际上都没有与世界接轨，像国外一样实现真正的产业化，所以中国足球的改革，也不是简单的一个政策或文件就能搞定的。

而事实上，中国足球都是由官方主管的，但是其具体动作上却受到了来自于社会民办企业等力量的冲击，使得中国足球一直处于一种准市场的状态。

由于足球带给人们的视觉冲击有着很强的受众性，使得很多社会上的企业都看中了这块大蛋糕，从最初用各种奖励来激励运动员在各种重要赛事上夺冠，到后来各大企业家纷纷用足球作为企业的体育名片去打开市场。

如果从中国足球的整体发展来看，王健林认为，民营资本的介入就像一碗滚烫的"油泼面"，在激发起足球运动员在赛场上的踢球热情的同时，更引发了观众和中国足球激动的情怀。毕竟，足球是最早得到世人竞相追捧的一项运动，并且中国足球的现状也由于民营资本的介入而焕发出了生机与活力。

然而，王健林离开足坛之后，中国足坛并未有所改观，反而很多腐败现象更为明显地凸显了出来。当时，包括接手大连万达足球俱乐部的实德老板在内的许多足球俱乐部老板，曾一起向上反映和呼吁足球体制改革，却未能实现。

经由介入中国足球的民营企业们的全面呼吁，以及中国足坛频出"足协领导问题"，使得中国足球开始遭遇"滑铁卢"，这更让本就倍受打击的中国足球雪上加霜。

王健林认为，目前中国足球所处的这种情境，表面上来看对足球的发展十分不利，可若从长远发展来看，中国足球反而可能得到进步——中国足球出现了整体的滑坡，它不仅影响到了中国足球事业的发展，更影响到了中国足球向产业化进军的进程，这反而可能促使中国足球早日脱离官方背景，真正实现完全产业化。

因此，王健林选择在此时重返中国足坛，等于是股票中的"低价买入"。深谙资本运营规律的王健林明白这支"股票"的潜力。

从投资的角度来看，王健林重回中国足坛，是一个很难得的机会。虽然很多人认为他此次与中国足球合作投入太大——5亿，但从长远利益来讲，万达会因此而物超所值。

王健林对中国足球如此大手笔投入的背后，所要承担的风险也同样十分巨大。

毫不夸张地说，连如今已经投入中国足球的王健林本人对此也没有底，比如他和足协制订的"希望之星"计划，其执行期为3年，但3年后会是什么样子呢？无人知晓。

王健林认为，这只是万达在中国足球身上做的一个小试验。万达对中国足球所做的一切，实际上都是一种外围战略，也就是说，所有这一切并不能从根本上改变中国足球目前的处境，只能在净化足球环境上做一些改革——如果想要真正从根本上改变目前中国足球的现状，就必须从体制上让中国足球"出嫁"给市场，唯有此，中国足球才能在市场的运行机制下实现健康发展。

也就是说，中国足球要想健康发展，并走出低谷，就必须进行一场彻底的改革，改变旧有的各种不适应其发展的制度、体制，以适应市场的需求。

足球未来

2013 年，广州恒大在亚冠联赛中的夺冠让国人眼前一亮的同时，也不免让人们的目光再次聚集到王健林身上。

3 年的时间很快就要过去了，当年与中国足协签订合作协议，并且挑选出 30 名足球少年远赴西班牙训练，如今也该到了检验结果的时刻了。

2010 年 3 月 1 日，河南地产商人许家印掌舵的恒大集团，买断了中甲联赛的广州白云山全部股权，将其更名为广州恒大足球俱乐部。入主广州俱乐部的许家印为球队提出了目标：次年冲超成功、五年内争取亚冠冠军。

彼时，很多人都在等着看恒大的笑话。

中国足球走职业化路子的 16 年来，有钱的金主不少，有豪气的老板也不少，许家印会是下一个炮灰吗？让所有人大跌眼镜的是，许家印比之前的老板们更懂规则，也更有计划。

2011 年至 2013 年，广州恒大连续 3 次获得中超联赛冠军，取得了比肩大连万达的成绩。同时，还捧起了超级杯和足协杯的冠军奖杯，来到了国际赛场上。2012 年是恒大首次参加亚冠赛，却一举冲进八强，甚至在一年之后，直接夺得了亚冠冠军。

这是中国俱乐部第一次问鼎该项赛事的冠军，取得了王健林念念不忘却始终失之交臂的荣耀。恒大的亚冠决赛，成为近年来最受关注的足球比赛。

许家印为恒大定下的口号是——"Be the best forever"（永做最佳）。显然，恒大的确朝着这个方向始终在努力。那么，王健林呢？

俗话说，"桃三杏四"，是说桃树要长三年、杏树要长四年才能结果，而由王健林资助的足球少年才即将满 4 年，人们还看不到期待的"桃子"，但从万达冠名中超联赛的情况来看，尽管比赛现场和背景板上随处可见"万达广场"的字样，但在抢占新闻上远不如广州恒大，尤其自亚冠夺冠开始，许家印的广州恒大几乎天天都占据各大新闻媒体的头条或重要位置。对比之下，王健林似乎又"淡"出了足坛。

对此，王健林表现得很大度，他认为恒大不仅在国内所向披靡，更在亚冠上一举夺魁，恒大的出现对中国足坛有益无害。诚如他所言，中国足球要想得到发展，就必须多几个像广州恒大这样的球队。

然而，有一个不争的事实也应了王健林的话："足球就是烧钱的行业，谁的钱多，谁就玩得最好。没有想到的是，恒大才第二次参加亚冠就拿到了冠军，而且这再次证明了一个道理——足球这个行业里面有钱不是万能的，但是没钱却是万万不能的。所以我倒觉得中国如果再多几个恒大来玩玩，说不定足球还有进步。"

这是王健林的肺腑之言，然而很多人的心里都充斥着这样一个疑惑：对于曾经一度成为中国足球标杆性人物的王健林，曾经让当年的大连万达称霸甲 A 联赛的王健林，"重出江湖"之后，真的能大度到眼睁睁地看着广州恒大崛起吗？

王健林曾经打造出中国足球的辉煌，而许家印买断广州足球队并更名为广州恒大队也不过是在 2010 年 3 月，比万达与中国足协签订合作协议早不了多久。尽管每个人都知道，王健林对中国足协的支持，看重的是中国足球的未来，而许家印投资广州恒大注重的是实效，因此在许家印"烧钱如烧纸"的"疯狂"背后，广州恒大也让他如愿以偿地收获了亚冠的冠军奖杯。

但是，作为同是地产大亨的大连万达与广州恒大，王健林似乎要比许家印股实得多。2013年，万达的目标是资产达到3500亿元，收入1790亿元，持有物业超过1700万平方米，净利润增长10%以上。这显然超越了广州恒大，因此媒体纷纷猜测，王健林绝不会就此作罢。

实际上，王健林的确心有不甘，在媒体的纷纷追问下，他心中的不甘也像火花一样迸出来，尤其是在成都参加商业活动时，他再次就此事说道："关于中国足球：首先声明，恒大夺冠是好事儿！万达没有离开足球，为青少年联赛，我们每年选30个小孩去西班牙。国家队怎样才能好，靠少年！我决定跟中国足球再签3年协议，假如恒大一直这么下去，不排除我出来跟它掰掰手。"

的确，恒大夺冠是好事，但一两场的得势并不能真正有效地改变中国足球的实质性水平，只有从青少年抓起，中国足球才有更好的明天。这是一种基于长远利益的思考与行动。

王健林对足球的这种热爱和行为，也充分体现出其做事前的深思熟虑，毕竟只有着眼于未来，才能做好现在。

中国足球出现广州恒大一边倒的局面，对广州恒大是美事一件，但对于广大球迷来说则显得十分无趣，因为比赛如果没有了悬念，也就没有了看点。

而王健林是否能够在这种时刻站出来重组万达足球队，就成了很多人热切期盼的一件事，但王健林坦言，由于万达与中国足协有约定，在万达中超联赛期间，显然不会组队参赛。

万达在进军电影院线、万达酒店等项目时一向都是低调做事、高调发展，为什么在组建足球队这件事上却迟迟不肯出手？

这个问题，早在王健林宣布重回中国足坛时就已经被外界传得纷纷扬扬了，此时已经过去了近3年，王健林却仍然没有任何动作。

当时，很多人都期待着王健林重组球队，可他们没等到王健林组建球队出山，却等到了许家印的广州恒大势如破竹。对许家印而言，他和王健林同样深谙足球产业化之后的规则：足球想要狂热，老板就要加大投资。

恒大集团成立之初，许家印就看到了王健林的大连万达，以高额投资换来万达足球俱乐部8次顶级联赛冠军的奇迹。因此，他以1亿元的价格买断广州足球队，大多也出于"夺冠"的考量。这不仅是王健林和许家印的"一己之私"，也是很多企业家都明白的一个道理，比如三星对奥运赛事的赞助，使得三星因此突破产业瓶颈，迅速成为全球知名企业。

不过，此时深谙此道的王健林已经没有了当初的那种想法，他更看重的是中国足球未来的产业化发展趋势。但是，对于曾经因足球而获得大发展，且始终为足球疯狂的王健林来说，在看到广州恒大勇夺中超联赛三连冠、又成功拿下亚冠赛冠军的奖杯后，心中的那份激情自然也被点燃了。

王健林始终表示，他一直在等哪个球队能够站出来与广州恒大来叫板。转眼三年过去了，这样的球队却始终没能出现。王健林还会继续等下去吗？还是他从和中国足协签订了战略性合作协议的那一刻起，内心就已经有了自己的如意算盘？

其实只要稍稍留意一下他的身影就可以明白这一点。在2011年与中国足协签订合作协议后，他曾对外表示，每年选出30名足球少年远赴西班牙的出发点是好的，但具体效果还要走着看，如果不行就会撤出。但是，在广州恒大夺得亚冠冠军之后，他对媒体的表态却是：期满以后将与中国足协续约。这足见他骨子里那股天生不服输的军人血性。

而且据万达集团官网发布的消息：2013 年 11 月 20 日，王健林在万达集团总部会见了到访的英国阿森纳足球俱乐部 CEO 伊万·加齐迪斯一行人，其中包括阿森纳足球俱乐部的国际合作及策略总监、教练组成员等。王健林的心思，由此显露无遗。

在地产界，王健林主推的是商业地产模式，而许家印走的是住宅地产；在绿茵场上，王健林曾经执掌着大连万达球队创造出了属于甲 A 联赛的辉煌，而许家印却带着广州恒大球队续写了中超联赛的历史。或许，所有这一切都注定了这两位地产大亨在足球场上的"相逢"。而他们之间的故事，以及王健林与足球的故事，也一样"未完待续"。

8

筑基全世界

走向世界之路

无论是商业地产，还是电影院线，抑或进军足坛，经过日积月累，万达的格局达到了新的高度，视野也更加开阔。有了不断升级的产品和不断延伸的产业链，万达也愈发有底气、有实力，王健林不再拘泥于国内，他将目光转向海外，谋求更大的发展。

王健林一直希望万达成为世界级的企业，成为世界 500 强，他要把万达打造成在世界上叫得响的一个品牌，为中国企业争光。朴素的爱国情怀和商业野心，在王健林身上奇妙地交织在了一起。

王健林曾经在回答媒体提问时这样说："我是带有责任感的。

你看东方影都建设，我说这个项目是承载着建立中国文化世界品牌的重任和万达梦的一个项目。所以，我做文化产业也是有这个目标，就是做成中国文化世界品牌，而且在相当一些方面建立世界性的中国文化符号，所以不简简单单是为了万达自己的名声或者为了自己转型，我还确实有一点社会责任感。"

当然，商业逻辑是更基本的动力。他曾表示："将来做到1000亿、2000亿美元收入，万达不可能还是一个区域、一个国家的公司。"

早在2011年12月18日，万达集团就与西班牙马德里竞技、瓦伦西亚、比利亚雷亚尔3家俱乐部签订了名为"中国足球希望之星"的青少年海外培训计划，万达为此投入2亿元，并将重任交给刚刚卸任万达企业文化部总经理之职不久的石雪清。王健林的大手笔引来外界的猜测纷纷，人们不约而同地认为，西班牙将会成为万达在海外亮相的首选。

2012年，王健林在全国两会期间的新闻发布会上，对万达文化产业的发展动态做了相关发言，透露了万达即将开展的海外扩张计划。而当年4月在清华大学做演讲时，他的态度则更加明确："未来一年内，万达主要集中于跨国运作，将会有震惊世界的并购发生。"

2012年，万达集团与中国进出口银行在北京签订战略合作协议，后者将为万达集团的文化、旅游产业及跨国并购业务提供支持。

兵马未动，粮草先行，借助于中国进出口银行的资金支持、技术支持和走向世界的经验，万达集团的海外扩张计划终于万事俱备，只等着王健林布局落子。

2012 年 5 月 21 日，是一个令万达集团的员工激动的日子，这一天上午，王健林斥资 31 亿美元与美国 AMC 影院公司签署了收购协议，也正是从这一天起，王健林成为 AMC 这家全球排名第二的院线集团的新股东。这一消息，很快引起了社会的广泛关注，而国内企业收购、并购全球企业这一敏感的话题，也再次引发了一场争议。

争议的焦点，即是王健林此举恐怕又是一起"美国人欠账、中国人埋单的行为"，因为早在几年前，联想集团的掌门人柳传志就曾做出过类似的举动，收购了美国 IBM 公司的 PC 部。面对数年后的王健林，很多人想到的是这种海外收购、并购到底有多大的实际意义，中国的企业家到底要交多少学费，才能真正搞明白大鱼吃小鱼的道理？

对此，王健林的态度是：对中国企业来说，要想实现真正的跨国并购，交一定的学费是理所应当的，但是否真的会交学费还是两说，因为不管是中国企业还是其他国家的企业，实现企业全球化是每一个企业家的梦想——只有企业规模化了，才会有更大的实力，才会在一个行业里成为真正的老大，才会拥有"话语权"。

所以，王健林认为，万达收购 AMC，并不是交不交学费的问题，而是中国企业是否能实现真正"走出去"的问题，同时也是考量中国企业家战略眼光的问题。换句话说，不管是国内企业之间的并购，还是国际上企业之间的收购，作为企业家，其目的都是显而易见的，都是基于"利益"的。

当初柳传志收购美国 IBM 公司 PC 部时，外界与很多业内人士同样议论纷纷，因为当时 IBM 的个人电脑业务出现了逐年萎缩的现象，以致 PC 部成为 IBM 身上的一个"毒瘤"。在这种情况下联想花大价钱将其买过来，许多人都将柳传志此举视为一种愚蠢的行为，但当时的王健林却对柳传志的举动给予了高度评价。

在他看来，相对于很多外人，包括 IBM 本身来讲，其 PC 部的确像长在身上的一个"毒瘤"，然而事实并非如此——作为全球第一大电脑制造商，IBM 这一品牌有其他企业所无法比拟的价值，因此他认为联想的举动有着超出常人的深谋远虑。而柳传志买下来的 PC 部经过联想数年的发展，也展露出不可超越的势头，此验证了王健林当初的判断。

是时，王健林斥 26 亿美元巨资收购美国 AMC，同样也是基于一种企业家的战略眼光。万达并购后投入运营资金不超过 5 亿美元，万达总共为此次交易支付了 31 亿美元。在他看来，万达此举和当年联想收购 IBM 公司的 PC 部如出一辙，只不过相对于柳传志，王健林的这一步迈得更大，所以才令很多人都对其表示出了几分担忧。

众所周知，万达集团是经营房地产起家的，故此王健林收购 AMC 公司，与柳传志收购 IBM 公司的 PC 部有很大的差异——柳传志的收购，从行业的角度很好解读：联想和 IBM 都是电脑制造生产商，联想收购 IBM 的某个业务，属于纯粹意义上的行业"大鱼吃小鱼"，而万达收购 AMC 公司，表面看来则纯属于王健林"不务正业"。那么，事实真是如此吗？

王健林对此一笑了之，因为在他看来，此次万达的收购行为和华尔街的很多投资行为没有什么区别，完全是基于自己和万达发展的需求，简言之，即是商业投资。不过，这种解释也成了外界对其质疑声不断的焦点，毕竟投资是讲求回报的，王健林一个"外行"去经营 AMC 这种业务，完全是一个"门外汉"，在这种情况下，他要"交学费"就几乎成为一种必然。

但是，王健林不这样看，他觉得，一个企业发展到了一定的规模之后，都会朝着多元化方向发展，尤其在资本运营上。就这一点而言，王健林很欣赏联想的柳传志——在做大做强联想集团后，又成立了联想控股，王健林说这是一种企业家意识的觉醒。

这种情况在美国华尔街随处可见，比如当时美国著名的风投公司红杉资本对雅虎的入资。而万达之所以敢于把企业的触角伸向大洋彼岸的美国 AMC 公司，也是出于这样一种考虑。

王健林做的是商业地产，对资本运营较之其他企业家更有着非同一般的认识和体会，尤其是对西方资本市场的运作规律。因此，即便王健林之前不曾涉足影业院线这一行业，相对"经验不足"，甚至从专业的角度上来讲，他还比不上国内任何一家相关行业的影视公司，但是有一点是很多人都无法和他比拟的，那就是一个企业家的战略眼光。

王健林并不在意当前的 AMC 公司举步维艰的现状，而更关注 AMC 公司在他接手后，其未来的预期会是多少。在王健林看来，AMC 之所以业绩不良，关键是他们的管理出了问题，而不是"影剧院"在网络的迅猛发展下所呈现出"萎缩"。故此，找准问题所在，有的放矢，何愁不能登高而呼？

瞄准 AMC

当外界抛出"为什么万达的跨海要从院线开始，为什么是 AMC"的疑问时，王健林给出的解释是，因为在全国各地都已经初具规模的万达广场一般都需要配置一间电影院，最初万达跟美国华纳院线洽谈，但由于两方面原因，双方没能继续合作。

一是中美 WTO 谈判中明确规定，不允许外资控股中国影院，而华纳将始终保持大股东的地位不变；二是出于华纳自身的原因，当时中国的电影票房仅有 1 亿多美元，所以华纳认为此时投资不划算——其实他们对中国电影市场做出了错误的判断。

与华纳分手后，万达也曾将眼光放回中国本土，当时，各地做影院的都是国有的广电集团，万达先后和上海、江苏、广东、北京等地的广电集团洽谈合作，万达做业主，广电经营。不过，因为这些广电集团都属官办且缺少赚钱的动力，最终没有谈拢。

然而，上海广电集团总裁与华纳的想法截然不同，他觉得这是一笔相当有潜力的买卖，于是与万达达成协议，而且还交了数目不小的保证金。但是，半年后却产生了变故，上海广电集团换了新总裁，新总裁完全反对这个协议，坚决不履行。

被逼无奈，万达只得自力更生。而中国电影也恰恰从 2005 年开始腾飞。王健林感叹道，在今后，中国电影市场如若可以保持年 25% 的增长速度，到 2018 年，将会把北美市场甩在身后。

随着网络和智能手机的出现，王健林虽然也承认传统的影视业受到了不同程度的冲击，但这并不表示人们已经不需要到电影院里去观看电影了，而从近年来美国大片以及国产大片备受追捧的现状来看，未来影视业依然有很广阔的发展空间，但必须要在管理和团队以及经营理念上做出相应的改革。

正是基于对影视业未来的发展潜力的信心，以及 AMC 自身所具有的优势，王健林最终下定了收购的决心。

AMC 在全球共有 346 家影剧院，是全球最大的 3D 屏幕运营公司；AMC 作为一家电影院连锁机构，仅仅其在北美地区的数百家影院所处的位置就可以看出——其影院都选择在城市的中心地带，有其他任何影院都无法替代的作用和影响。

因此，无论是从 AMC 所具备的硬件设备来看，还是从公司所拥有的软件条件来讲，其在同行业间所占据的地位都是不可动摇的。这也正是王健林不惜耗时两年时间与 AMC 不断接洽和谈判收购事宜的主要原因。

中国不断崛起，经济发展一直保持着良好的势头，在日渐被全球瞩目和重视的同时，影视文化也成为其中不容忽视的一种交易手段。这也就意味着，中国电影和中国足球一样迟早都会冲出国门，走向世界。

从这个角度看，美国 AMC 公司具备了这一有利条件。王健林曾深入分析，万达收购 AMC 公司其实和当年红杉资本投资雅虎没有本质上的差别，毕竟 AMC 与雅虎一样有着良好的发展潜力，并且 AMC 在本行业具有的优势丝毫不逊于计算机行业的 IBM。

万达希望借助 AMC 这一渠道打开美国市场。王健林表示："中国影片一定会走向世界，这是不可逆转的大趋势，进入美国市场是早晚的事，但中国影片很快、大量进入美国市场不现实，需要一个过程。其次，万达集团并购 AMC 后，进不进中国影片、进什么影片、进多少影片，由 AMC 管理层根据美国行业规则、市场需求自行决定，万达集团不干涉。"

通过本次海外收购，万达一举成为全球最大的电影院线运营商，至此，万达拥有 428 家影院，5758 块屏幕的控制权。不过，王健林仍不满足，他坦言，万达会不断调整企业战略，以适应市场发展，由此将跨国发展进行到底。

在 AMC 以外，万达对欧美等国的大型院线也有着浓厚的并购意向，万达集团的目标是：到 2020 年，占据全球电影市场约 20% 的市场份额。

同时，针对如何管理海外并购，以及企业如何在海外的不同地区都能获得成功，王健林也有自己独到的见解。他说，据他多年的观察，那些在中国本土收获颇丰的外企，多数都只安排少数核心高管来华，其他大量高管都是从中国本土挑选的。而那些几乎清一色海外高管的企业，在华则无一成功。

"我们在准备收购美国 AMC 院线时，也曾考虑是否安排中国高管去参与管理。"王健林说，"但一家企业究竟经营得好不好，你要做分析，不是看产品，而是看人。AMC 里面有很多哈佛、沃顿商学院的人，难道我们万达在这点上比他们更杰出？并不是。AMC 曾有 20% 的基金投资，当初是没有主人的一家公司，此前大家都不努力，所以导致亏损。现在，万达收购了过来，我们只派了一个联络员。"

王健林的观点是：外资企业要对当地消费者加以重视。

2013 年 6 月，王健林受邀参加《财富》全球论坛活动之"全球商业转移"时，曾用自己收购 AMC 的案例来表达观点："不要像《钢铁侠》电影中的双重标准那样，到当地市场去叫当地人打酱油，不要到美国一个标准，印度一个标准，到中国一个标准。"

"再比如，一辆汽车，本来就是同一个品牌、同一个车型，用不同的标准来执行是很愚蠢的。"王健林表示，商人追求利益最大化，但也要尊重市场："据我所知，一些日本车企一直在中国使用双重标准。"他认为，美国、印度以及欧洲都要使用一个标准，不要使用不同的标准，"这种事情我们见得多了：卖汽车的（出了事），消费者在当地可以索赔，中国消费者则不能索赔。

这就是不尊重市场的表现。不管什么行业，一定要把当地市场、当地消费者看成所在国市场一样尊重，这才能获得成功。"

在着手进行跨国收购的同时，万达在文化产业的投资也在紧锣密鼓地进行，对《华夏时报》的投资，包括另外一项业务尝试：成为美国电影广告的中国代理。2013 年，《华夏时报》将 NCM 中国客户的独家代理授权收入囊中。作为美国最大的电影广告公司，NCM 拥有北美排名前三的院线约 1600 家，控制着 19000 多块银幕。由此，中国广告主可以通过万达享有北美电影广告市场的资源，这可谓是万达旗下媒体公司的又一重要突破。

在万达与 AMC 就收购案进行洽谈时，《华夏时报》便开始与 AMC 针对中国客户代理权的事宜展开磋商，但是由于北美市场与中国市场存在差异，导致合作难以推进，只好改变思路，借由 AMC 广告代理商 NCM。

2011 年 6 月，《华夏时报》正式成为万达影院映前广告业务的独家代理，步入电影广告领域。经过近两年的耕耘，以平面媒体经营为基础，《华夏时报》汇集电影、户外大屏及广场展览展示等媒体资源为一体，实现了多元化经营布局。《华夏时报》总编辑水皮曾介绍说，近两年《华夏时报》通过代理万达影院映前广告营收达到 1.5 亿元。

作为美国最大的影院广告媒体公司，NCM 拥有美国 AMC、Regal Cinema 和 Cine Mark 前三大院线电影广告业务的独家代理权，广告年收入高达 4 亿美元，拥有 2/3 的市场份额。万达作为 AMC 的金主，在《华夏时报》与 NCM 的合作中起到了桥梁的作用。二者达成合作后，《华夏时报》不仅可以获得 NCM 院线的广告投放收益，还可以直接接触中国客户，而 NCM 也借机在技术、营销、客服等方面为《华夏时报》提供专业的培训。此时，王健林对万达文化产业的布局才刚刚开始，对于海外扩张，他的野心也不止于此。

在王健林看来，目前，中国企业走出国门去收购、并购海外企业虽然仅仅是一个开始，但作为一名优秀的企业家，只要懂得资本运营——纵使有些时候就像万达收购 AMC 一样，属于是跨行业、跨领域的行为，并不一定就非要交学费。王健林对 AMC 未来的预期很大，在他的预期中，在未来 5～10 年间，万达旗下的新 AMC 影院公司将会在全新的经营理念下，成为全球最大的影视公司。

涉足文化产业

随着万达并购美国 AMC 的协议签定，很多人都认为这是一起"蚂蚁吞大象"的戏码，因为从实力来讲，万达集团的整体规模并没有 AMC 那么庞大，但是雄心勃勃的王健林却认为万达有这个能力。

事实上，不仅王健林本人，就连 AMC 的股东之一凯雷，以及其旗下的中国企业传讯董事周红旗也表示，从此次并购案例上来看，尽管截止到目前，双方只是签定了一个协议，具体的事情由于 AMC 的股东较多，凯雷只不过是其中一个，还要经过很多审批，但很多人都明白，所谓的"审批"不过是走走过场，因为就万达和 AMC 两家公司而言，如果任何一方有一丝放弃的倾向，这场"蚂蚁吞大象"的戏码也不会上演。

如果从战略意图来看，其实万达早就对 AMC 虎视眈眈了。

　　提起王健林，很多人自然会想到地产，毕竟万达的主要业务是商业地产，鲜有人会将他和文化产业联系起来，这就导致万达在 2005 年宣布进入文化产业时，并未引起人们的太多关注。

　　企业发展到一定规模后进行多元化发展是很正常的一件事。所以，王健林认为，随着全球经济一体化的不断推进，不仅多元化发展会成为一种趋势，走出国门更是大势所趋。换言之，未来企业的发展要将眼光放在全球，以全球为着眼点去制定企业的战略目标，如此，企业才能真正做强做大。正是基于这样一种理念，王健林开始了他的"文化之旅"——进军文化产业。

　　万达进军文化产业后，王健林并没有脱离自己的"长处"，他利用自己多年从事商业地产的经验及有利条件，最终确定了文化产业的落脚点——万达电影院。经过数年的打拼，万达电影院发展的势头十分强劲，不仅成了中国的第一院线，还成为了亚洲排名第一的大院线。

　　只不过，相对于王健林在商业地产上的成功，万达电影院线的发展被很多人忽略了。但是，王健林却没有忘记他进军电影院线的最终目标及发展战略。在一次接受媒体采访时他表示，万达在不久后将会有一个"震惊世界"的跨国投资行为。当时，很多媒体纷纷猜测，认为他可能会在西方国家进行某一大手笔的购地行为，成为美国或英国等发达国家的新地王。

　　当时，美国出于提升经济的目的一直在到处吸引外资，尤其是中国企业的投资，奥巴马总统还特别出台了很多优惠的政策，并且美国的一些州还在此基础上制定出了许多更大的优惠政策，而不少中国的企业家也都开始了他们的海外之旅。但事实上，王健林没有像媒体猜测的那样，去投资国外的地产或新能源等热门项目，而是将目标一直对准 AMC。

早在 2010 年万达电影院线还在不断扩张之际，王健林就已经盯上了 AMC，他的想法是：企业要想真正实现多元化发展，齐头并进得到发展，那么，无论进军哪个行业，都要全力以赴，这样才能够真正做好这个行业，而不是把多元化当成一种甚至是几种"副业"去抓。

因此，在王健林向文化产业进军之后，数年来累积投入到万达电影院线的资金就超过了 100 亿。不仅如此，他还早早就产生了并购 AMC 的想法，并且很早就开始了与 AMC 的收购洽谈，所以才有了两年后的收购行为。

外界都将万达的这一举动称之为"蚂蚁吞大象"，而在王健林看来，AMC 并非一头大象，万达也不是一只蚂蚁，而是一群蚂蚁，就像发生在原始森林里的事实一样：数亿只甚至是几十亿上百亿只蚂蚁抱成团，所到之处，尸骨无存。

王健林觉得这一点也不夸张，而是自然界包括商界的一种自然现象，商场如战场，本就是弱肉强食，这是人类生存的法则。

不过，AMC 公司的影响有目共睹，王健林又凭什么说 AMC 不是一头"大象"呢？

俗话说，"内行看门道，外行看热闹"，很多人看到的只是 AMC 公司那张华丽的外表。AMC 的连锁影院分布十分广泛，尤其在北美地区，去过美国的人只要在当地影院看电影，那么必定会进 AMC 公司的影院。但王健林认为，这并不能说 AMC 就是一头大象。

当然，王健林也承认，在 AMC 发展的数十年间也曾经有过辉煌，这是毋庸置疑的，也是不容忽视的一个事实，但就像 IBM

一样，很多美国的老牌公司都存在着另一个不争的"瑕疵"——如管理大师彼得·德鲁克说的，这些老牌公司在经历了其漫长的发展过程后，由于管理未能跟上时代的步伐，最终都会出现一种业绩增长迟缓或倒退的情况。

在王健林眼里，眼下的 AMC 公司就出现了这种"倒退"，也正是这种倒退或滑坡，使得自 2008 年金融危机以来，AMC 虽然一直在努力发展业务、提升业绩，可还是随整个美国经济下滑。AMC 的辉煌不仅很难再复苏，并且其公司的经营状况也出现了持续的不景气。因此，连续亏损的 AMC，在王健林看来充其量是一只即将瘦死的骆驼，而非一头大象。

相反，王健林认为万达就像早上八九点钟的太阳，朝气蓬勃，这从他执掌万达集团以来，公司的发展状况上便可见一斑——万达自 1988 年成立，经过二十多年的发展，其资产达到2000 亿，企业年销售额已经达到了 1200 亿，规模已经超过很多国内企业。

2012 年，王健林的个人资产只有 488 亿元人民币，到了 2013年则快速涨到了 860 亿元人民币。由此可见，万达集团的发展势不可挡。所以说，王健林将万达比喻成"一个蚁群"毫不夸张，并且这个以王健林为首的蚁群吞食财富的能力也达到了惊人的程度。

AMC 与万达，一个是即将瘦死的骆驼，一个是攻击性极强的蚁群，在经过了长达两年的谈判之后，终于达成了并购计划，上演了一起令世人瞩目的"蚁吞象"戏码。

从经济发展的客观角度来看，不少经济学家都和王健林一样认为，"蚂蚁吞大象"这种现象在商界并不罕见，只不过万达收购 AMC 发生在两个不同的国家：一个是全球最富有的美国，一个是高速发展中的中国，是中国的"蚂蚁"吞食了美国的"大象"，这才引发了世人的高度关注。

对此，王健林也表示，如果是美国企业并购了中国企业，人们就不会如此惊讶了。而在他看来，不论是哪个国家的企业被别国企业收购，都是一种正常的商业行为，不管是收购方或是被收购方的企业，都是基于一种通过整体收购或者部分并购的形式，使企业在未来能够更好地发展。

战略布局

王健林执掌万达之后，便一心想将万达打造成一个世界级的企业。在朝着这一目标努力奋斗的过程中，却有一个因素始终让他倍感纠结，那就是中国目前的现状。

作为一个发展中的国家，中国经济在近年来得到了高速发展，维持在百分之七八的增长速度。而作为一名企业家，王健林更是看到，中国与美国之间之所以会存在如此大的经济落差，其中一个重要因素就在于中国的许多企业尽管都在谋求自身的发展，但是和美国比较，中国企业家的发展眼光还是受到了很大的局限——大多是基于企业自身的利益。

在这种情况下，美国的经济虽然难以在短时间内实现真正复苏，但王健林在思考，为什么美国的经济一直不景气，却依然还是经济强国呢？道理其实很简单，在世界 500 强企业中，美国的企业就占去了半壁江山，其中有近两百家美国企业都是某个行业里领先的跨国企业。这也就意味着，在这些行业里，那些美国企业仍然拥有着其他国家或企业所无法撼动的地位。

在这种经济环境与背景下，王健林将万达打造成世界级超强企业的"中国梦"就变得更加坚决，因为他明白，中国要想实现真正的强大，就必须在国民经济发展的同时涌现出一批在各个行业里处于领先地位的企业。只有这样，中国经济才能坚挺。

除此之外，王健林还发现，华尔街之所以被世人誉为创造财富神话的摇篮，并不是华尔街的那些金融大鳄们多么有钱，而是他们更懂得如何投资，如何经营。

以生产运动鞋而闻名全球的耐克公司，就是一个很好的例子。虽然很多人都知道这个品牌、知道耐克运动鞋的优点，却极少有人去研究耐克公司的经营之道。王健林对此情有独钟。他发现，企业做强做大，树立品牌很重要，还有一点不容忽视，即企业家的发展战略，或者战略眼光。

在这方面，王健林一直比较佩服联想的柳传志。柳传志一边在树立联想的品牌，一边又在利用联想控股实现资本投资。王健林觉得，任何一个企业家，当他把企业做到一定的规模后，就必须让自己的思想从实体经营中抽身，这种抽身并不是企业不去做实体经营了，而是企业家的经营理念要发生改变。

企业要想走出国门，走向全球市场，就必须了解国外的资本运营模式，否则企业家的观念跟不上，即使企业几经努力收购了某些国外的企业，成为一家跨国企业，也很难实现真正的发展。

在与 AMC 的大股东凯雷的接触中，王健林对凯雷投资公司有了更多的了解。凯雷投资集团管理的资本超过了千亿美元，是全球最大的私人股权投资基金之一，有"总统俱乐部"之称，其投资遍布美洲、欧洲和亚洲等地。相对于凯雷投资集团的众多投资项目而言，它对 AMC 的投资可以说是九牛一毛。

而 AMC 的股东有很多，由此足见美国投资家和企业家对资本运营的重视。相对于 AMC 或凯雷投资集团，包括万达集团在内的很多国内公司则远没有那些跨国企业运营得灵活。尽管国内企业都实行了股份制改革，但与国外的企业相比的确相差甚远。

万达 1988 年创办以来，旗下已经形成了商业地产、连锁百货、文化产业、五星酒店、旅游度假等 5 大支柱产业，而众多集团子公司的快速发展，也为万达走向国际化奠定了一个良好的基础。

此次万达并购 AMC，收购的是 AMC 公司 100% 的股权，即一旦完成这种并购，AMC 将成为万达旗下的一个集团子公司，或许还会与万达原有的文化集团并为一体，双方实现更为长远的共同发展。

因此，万达对 AMC 的并购并不仅仅是一种简单意义上的纳入旗下，而是借助 AMC 所拥有的实力，向全世界力推万达。从另一个角度看，王健林收购 AMC 公司，等于买了一支可以射向全球任何一个地方的箭。这支箭，为万达集团向全球推广和树立自己的国际化品牌提供了便利的条件。这正是王健林收购 AMC 的最初构想。

事实上，在与 AMC 方面的人员进行洽谈和磋商的过程中，之所以一切能进行得相对顺利，不容忽视的便是 AMC 的最大股东凯雷投资集团设在中国的办事机构。

在万达与凯雷投资集团的频繁接洽中，王健林发现，这种并购也是凯雷投资集团所力推的。从中，王健林还得到了很大的启发：作为一家全球性投资公司，凯雷投资集团之所以能较为主动地促成此次并购，或许并不仅仅是从 AMC 的亏损现状出发的，因为企业如果出现连续亏损，完全可以借助更换 CEO 来加以改变。

作为全球最大的投资公司之一，凯雷投资集团的每一次投资，都必然是站在利益战略的角度，包括此番将股权转让给万达，他们不可能不明白王健林并购 AMC 的想法。那么，作为投资金融大鳄的凯雷，又怎么会如此轻易将 AMC 转手给王健林呢？

王健林也一直在思考这个问题，但是不管对方出于一种什么战略，万达都成功收购了 AMC，也有了进军国际市场的后续推动力。至于凯雷是否想借"力"还魂，不是王健林要担心的，毕竟，后来万达影院的上市，已经说明了一切。

打造文化航母

随着万达收购美国 AMC 影院公司的尘埃落定，万达进军文化产业的身影渐渐清晰地展露在世人面前，很多人也不再只把王健林与商业地产相连，而是以一种全新的眼光来看待和认识他，这也使得他的"文化野心"更大。

在商业地产界，王健林的野心众所周知，而在文化产业方面，他只用了 8 年的时间，就打造出了一支令世人瞩目的队伍——万达文化产业集团。这原本是万达旗下的轻骑兵，但经过 8 年打拼，却成了中国文化产业不容忽视的中坚力量。

2012 年 6 月，北京市政府和万达集团共同整合了北京及其他地区的文化企业资源，成立了全新的万达文化产业集团。这支万达文化劲旅，无论从规模还是其市场占有率和产业收入等各个方面，在国内都是无可比拟的，成了当之无愧的中国第一大文化产业集团。

万达文化产业历经短短 8 年时间便得到了世人的关注，不能不说是一个奇迹。尽管在其背后有实力更加雄厚的万达集团和王健林，但作为企业，并不仅仅是"背靠大树好乘凉"这么简单，尤其是万达文化产业集团的异军突起，背后更是饱含了王健林的心血和其独特的经营理念。

当万达收购美国 AMC 影院公司以及成立万达文化产业集团之后，面对媒体的一片颂扬之声，王健林却显得极为沉着和冷静，在他看来，这仅仅是一个全新的开始。

在王健林眼中，万达文化产业集团的成立，一是对其过去 8 年间在文化产业上所做努力的一次总结；二是万达想要得到更大的发展，想要走出国门必须跨的一步。

王健林认为，这是企业在发展过程中必不可少的根基，就像建房子前要打地基一样，地基打得越深越牢，房子建成后就越坚固。在这方面，王健林对北京市政府给予万达的支持是心存感激的。反过来说，万达文化产业落户北京并得到了重新整合，对北京的发展也是有利而无害的。双方处在一种互惠互利的形态中。

整合之后，万达文化产业进一步夯实了基础，并且真正成为了一支整装待发的"中国文化航母"。

让万达文化产业真正走出去，是王健林最大的愿望，这也促成了万达收购美国 AMC 影院公司。这一步等于为万达打开了一扇通往世界的窗口。

王健林认为，万达的状况就是这样，他之所以敢于以万达的"蚂蚁"之身去吞 AMC 的"大象"之身，正是因为他认为万达已经拥有了走出去得到世界认可的实力。

王健林知道，无论是美国 AMC 影院公司，还是万达文化产业集团整合时所兼并的那些与文化产业相关的公司，并购其他企业并不只是买东西，关键要看买到的东西是否对自身的发展有利。王健林选择收购美国 AMC 影院公司，是出于商人的战略眼光而做出的选择，但是收购 AMC 只是一种铺路行为，眼下路铺好了，剩下的就是如何去走了。

在很多人看来，王健林所带领的万达一直走得顺风顺水，而文化产业集团的成立与并购美国 AMC 影院公司的成功更像是一缕缕春风，使得王健林的万达文化产业正好可以借助这缕春风驶向大洋彼岸。

王健林始终觉得，做企业就像是划船，不管是过河或湖泊，抑或远渡重洋，看起来好像并不难，只要有足够的力气就能将船划到对岸，可实际上并不是这么简单——有足够的力气只是拥有了资本，选好了船，就如同选好了要航行的工具，之后必须面对的，是如何划船才能尽快抵达彼岸。

文化之憧憬

万达并购美国 AMC 影院公司之后，很多业内人士都知晓，王健林此举就像是股市中的"借壳上市"，但很多质疑声也随之纷至沓来。AMC 的确拥有占全球第二位的影院份额，而一个不容忽视的问题是：有了这些影院，万达真的能像无往不利的"中国文化航母"，冲出亚洲，走向世界吗？

客观而言，成立全新的文化产业集团并成功收购 AMC，万达在文化产业领域的实力必然不可小觑，其所占据的市场份额和屏幕数量的确远超亚洲任何一家院线公司，然而规模扩大之后，华语片真的能走出去吗？

对于这一点，王健林早在成功并购 AMC 之后就曾向媒体坦言，在拥有了 AMC 的广阔资源之后，万达不一定会借用手中的资源来主推华语片，就像他说的那样："我是个商人，所看重的是万达的整体利益。"但其随后又表示，如果有优秀的华语片，万达会利用其资源向外介绍。

王健林的确是个商人，同时也是中国人，还是中国最优秀的企业家之一，他所考虑的并不仅仅是如何把中国电影推向世界的问题。

这是因为，在他看来，如果将目标定在如何将中国电影推向世界，就过于民族化和个人情绪化了，而不局限于此，也并非不爱国。他认为，让世界认识中国文化需要一个过程，就像随着中国经济的不断强盛，从最初的《红高粱》到后来的《卧虎藏龙》以及莫言获得诺贝尔文学奖等，这些都已经在说明这个问题。

王健林也曾表示，他毕竟不是艺术家，而是企业家，企业家所要考虑的就是如何扩大企业的规模，树立企业的国际化品牌，至于万达文化产业集团，其发展目标从大方向上来说，也完全能弘扬民族文化。

当然，其中存在着一定的区别——企业的发展是靠自身的产品来说话，而万达要想将中国电影推向世界，首先必须做到自身在国际文化产业中占据不可动摇的地位，如此，万达才会拥有绝对的话语权。

从万达近几年在国内及亚洲的发展来看，无论从市场份额或是企业规模上，都占据了一定的地位。根据世界知名咨询机构罗兰·贝格发布的一份关于 2012 年全球文化产业 50 强的报告显示：在全球的文化企业中，万达文化产业集团位列第 38 名，而万达院线公司和美国 AMC 影院公司在全球所占据的市场份额为 10%，位居第一位。

在王健林看来，在这份数据中，很多都是由 AMC 公司创造的，比如市场份额，而万达文化产业的快速发展当下也仅仅局限在亚洲，充其量也只是"井底之蛙"，只有像莫言一样用其特有的"蛙声"打动世界，万达才能真正走出国门。

谈到这一点，王健林心中那股征服世界的豪迈顿时溢于言表，并显出了一副成竹在胸的样子。他觉得，万达既然敢做出"蚂蚁吞大象"的举动，他就有吃掉大象的胃口和韬略。那么，在具体实施上，他又有怎样的计划呢？

在万达所经营的商业地产中，还有一个项目——万达酒店，万达集团已经与世界五大国际酒店管理集团共同合作开设了 32 家万达酒店。在经营万达酒店的过程中，王健林一直坚持着这样一条策略：走出去，引进来，打开来。

"走出去"才能发现自身的不足，也才能将国外那些企业的先进管理理念"引进来"，最后才能实现企业将自身完全向全球市场"打开来"。

经过数年的酒店经营，在"走出去"这一问题上，万达酒店早已经为万达文化产业集团蹚好了路，同时，万达并购美国 AMC 影院公司，又为万达酒店实现海外扩张与并购之路奠定了良好的基础。

在万达如何"走出去"这一问题上，王健林颇有经验。在外界眼中，万达"雄心万丈"，这是事实，但也只是一个侧面。作为万达这艘"中国文化航母"的船长，王健林很有把握将它行驶出亚洲的港湾，并顺利抵达大洋彼岸，让它成为真正的"驱逐舰"。但在谈到如何走出国门这一问题时，他却没有正面做答，而是主要强调了企业发展过程中的"创新"。

王健林知道，无论企业是处在最初的草创阶段，还是处在不断壮大自身中，一定要做到创新。这里的创新不是企业的产品，而是产业模式，比如近年来一直成为外界议论的焦点万达文化产业。

王健林表示，人们只看到了万达进军中国文化产业仅用了8年便成为这个行业的龙头老大的表象，却不知道万达是如何做到的。这其中，除了要敢于投入巨额资金外，还要在产业模式上推陈出新——万达打造的武汉"汉秀"大型舞台秀节目，并没有采用传统的表演模式，而是采用了飞行变化LED巨幕、水下升降等特殊设备，堪称首创，呈现出了中国文化气息浓厚的舞台演艺节目的方式与技术。

王健林认为，这仅仅是万达在文化产品上的一种创新，只是支撑万达文化产业持续发展的一方面。王健林很好地借鉴和引入了国外那些跨国公司的连锁经营模式，在万达发展文化产业时，在其旗下的诸多产业发展过程中都采用了这种连锁经营模式，使得各子公司均做到了统一品牌、统一制度、统一运营，以致万达在做文化产业时，其成本比同行低30%以上，而净利润却远远超过了其他同类企业的平均水平，比如万达电影院线，其净利润竟然高出同类企业300%。

可以说，在万达数十年的发展过程中，无论在规模上还是产值上的快速发展，都令很多企业家感到震惊，王健林在此期间最大的心得，就是在产业运营模式上的不断创新与突破。从这个角度来看，虽然万达这艘"中国文化航母"还没有真正冲出亚洲，但它早已经开始按照远洋的标准来行驶了。这也意味着，万达在王健林的带领下，已经拥有了国际企业运营的模式，而在不远的未来，万达也必将直挂云帆济沧海！

万达的"文商"气质

玩转影视

王健林向文化产业进军的动力之一，是他看到了中国演员在好莱坞仍然会受到一定的"歧视"。影视演员大都有一个相同的梦想，那就是走进好莱坞，成为好莱坞影星，但中国的影星却只有李小龙、成龙、周润发、李连杰等几个大腕明星得到了好莱坞的认可。事实上，这并非中国影星的演技不如外国影星，而是西方国家对中国文化的认识不足造成的。

王健林在万达的发展过程中，一直将"成为世界一流企业"作为企业的发展目标。在进入文化产业发展时，一开始他就有和许多人不一样的想法——他不仅想要圆自己的好莱坞梦，同时还要建造一个令世人瞩目的"中国好莱坞"。

这在很多人看来有些痴人说梦，但随着青岛东方影都项目启动，这些人不得不改变这一最初的看法。那么，他们从东方影都身上看到了什么？

自万达成功收购美国 AMC 电影公司以后，王健林便成了一个为人们津津乐道的焦点，然而，当一切议论之声渐渐复归平静的时候，这起轰动一时的跨国并购也成了旧闻。

这时，有人想，万达虽然收购了全球排名第二的电影院线公司 AMC，从规模上成为全球电影院线的翘楚，但似乎只是一种"虚张声势"，毕竟没人看到万达如何利用 AMC 所拥有的有利资源向全球市场发起进攻。

或许很多人都忘记了，万达不像有些影视明星要靠不停地曝光而生存，其依靠的是自身的实力，而且其掌舵人王健林更不是"省油的灯"，他还有很多梦想没有实现，又怎么会突然停下自己的脚步？

2013 年 9 月，王健林与 AMC 签订收购协议后的第二年，万达再次传出了消息：王健林已经与青岛有关部门达成协议，决定建设一座预计总投资超过 500 亿的青岛东方影都影视产业园区。

此消息无异于一颗重磅炸弹，顷刻之间再次引爆了各路媒体，甚至有媒体怀疑此消息是否准确，因为投入如此巨额资金兴建一个影视产业园并不是一件小事，尽管对商业地产老大而言，这不过是个买几块地的价钱，但从中透露出来的却绝不是钱多钱少的问题。

可这一消息千真万确，因为消息来自于万达。此时有不少媒体猜测：万达收购了美国的 AMC 影院公司，为什么不向全球力推其旗下制作的影视作品,反而在国内兴建起了影视产业园?

这似乎与王健林当初的愿望不符,而实际上,这正是王健林进军世界前所吹响的号角。在他对外扩张的路上,"走出去,引进来,打开来"是他一如既往坚持的原则,此次他大手笔地投入巨资兴建影视产业园区,正是基于这一理念。

从战略上来看,自2012年收购美国AMC影院公司之后,万达就已经实现了"走出去",这从万达通过其旗下的院线推出的几部华语片的票房来看,显然是十分理想的。但是王健林认为,只"走出去"还不行,必须要"引进来"才能学习和借用别人优秀的经验。那么,仅仅兴建了一个大规模的影视产业园就能"引进来"吗?即便引进,王健林又要如何"引"呢?

直到2013年9月22日上午,东方影都影视产业园区在山东青岛举行的启动仪式上,众人才不由眼前一亮——参加这次仪式的嘉宾中,不仅有像梁朝伟、甄子丹这样的香港实力派影星,还有内地的章子怡、赵薇、黄晓明、李连杰等家喻户晓的明星前来为这一启动仪式"暖场",另有妮可·基德曼、莱昂纳多·迪卡普里奥、约翰·特拉沃尔塔、克里斯托弗·瓦尔兹、凯特·贝金赛尔、伊万·麦克格雷格、凯瑟琳·泽塔·琼斯等当红好莱坞明星在红毯上显露身姿。

万达此次的启动仪式可谓群英荟萃。据悉,莱昂纳多在电影节期间接受过一个仅仅5分钟的专访,就收了媒体1.5万美元的出场费,如果依此类推,万达此番"盛会"不知"烧掉"多少真金白银。

不过据王健林后来说:"万达本身有制片公司,也有电影院线,在行业里将是一种资源吧,再加上我们又做产业园区,这个项目是我们跟奥斯卡合作，因为奥斯卡主席、副主席、CEO 这些人都来，再加上我们又请了很多大电影公司的老板们，所以大家都给面子，请这些明星的价钱不高，很多人基本都是友情出席。"

实际上，这是王健林做事的一贯作风。他一直认为，企业要想得到快速发展，就要敢于投入大笔资金，否则，不仅会制约企业发展的步伐，也会影响企业的发展节奏。

早在几年前，不少地方政府就曾和万达谈在本地兴建滑雪场等项目，并给出了可行性报告，投入近百亿资金，然而，王健林看过报告后却表示，如果仅仅兴建一个大型滑雪场，将很难拉动当地的消费，也就意味着万达很难在短时间内收回资金，因此他决定扩大这一投资计划，增加度假、旅游、消费等相关项目。

如此一来，万达投入的资金比最初的计划投入翻了几番，项目建成之后的效果却极为理想，不仅当年实现了盈利，度假村的出现还拉动了当地的 GDP。显然，此次青岛万达影都的兴建，王健林同样采取了大手笔"烧钱"策略。

王健林并非只是请这些好莱坞明星露个面，也并非像一些媒体所言，他如此大张旗鼓是讲排场、彰显自身的实力。在此次启动仪式上，万达仅仅向全国一些财经和新闻媒体发出了邀请，并没有邀请那些看起来相对"对口"的娱乐媒体。

这虽然令几乎所有娱乐媒体都为之"汗颜"，却显示出了万达举办这一启动仪式的初衷——将修建青岛万达影都当成一个文化产业事业来做，而非一个新片发布会。因此，这些好莱坞巨星，包括那些国内的当红一线明星，并非只是如外界所言来走走秀。在这一启动仪式背后，还有王健林更为深远的发展蓝图。

只要把眼光在启动会场上再偏一偏就可以发现，此次万达不仅邀请了国内外的影视明星，还邀请了美国电影艺术与科学学院的三位重量级人物，现任主席艾萨克、前主席霍克和首席执行官哈德森；CAA、ICM、WME、UTA世界四大艺人经纪公司的董事长；中国电影家协会主席李前宽；美国索尼影业、环球影业、华纳兄弟、派拉蒙、韦恩斯坦影业和狮门影业等公司的董事长。

其实，王健林不通知娱乐媒体只通知财经和新闻媒体的原因，就在于举行青岛万达影都的启动仪式只是一个形式，而和这些全球影视巨头之间的交流与合作，才真正关系到万达未来在文化产业方面的发展。这实际上也体现出了王健林"引进来"的发展思路。

在这次规模"盛大"的青岛东方影都启动仪式上，在众多令人惊叫不已的好莱坞明星的光环下，外界仅仅看到了其场面的宏大，看到了王健林对娱乐媒体的"视若无睹"，看到了万达的实力。然而，对王健林而言，此次青岛东方影都的启动仪式，可谓收获颇丰——除了庆祝东方影都从这一天起可以正式动工外，他还与这些影视公司的巨头们达成了初步合作意向，其目的就是为了保证东方影都能够正常运营：万达将每年和这些公司合作在东方影都拍摄至少30部外国电影和不少于100部国产电影。

由此可以看出，王健林等于"锅还没有搭好"，就已经开始伸手向别人要米了，难怪万达无论做商业地产还是文化产业都如此顺风顺水，并且发展得十分迅猛。

而在为东方影都拉来了这些生意之后，王健林还代表万达与美国电影艺术与科学学院、中国电影家协会和世界四大艺人经纪公司共同签署了一份协议，并承诺，自2016年起，在每年9月份都会在青岛举办国际电影节。此外，这四家艺人经纪公司的一把手也纷纷表示，他们将负责为青岛国际电影节邀请国际明星和导演，而且绝不少于 30 位。

至此，青岛东方影都影视产业园区的启动仪式终于落下了帷幕，当那些好莱坞明星的身影消失在青岛时，人们才看清了此次启动盛典背后隐藏的玄机，王健林因此再一次成为媒体争相追捧的人物。

王健林知道，此次启动仪式，包括青岛东方影都影视产业园区这一项目的兴建，尽管每一步都走得十分成功，但所有这些只是万达登上国际舞台的前奏，最后是否能顺利唱一台好戏，还要看如何"打开来"。

对此，王健林已然成竹在胸，而未来的路也需要一步一步地走。那么，面对未来之路，王健林将如何走下去呢？

不走寻常路

在向国际舞台进军的过程中，王健林的万达酒店很早就已经与国际上的一些知名酒店集团进行了合作，随着时间的推移，其已经打造出了 500 余家万达酒店，无论是从规模上还是从影响和效益上都取得了不俗的成绩。万达酒店是王健林首次与海外企业的"亲密接触"，是他将万达的触角伸向全球市场的第一步。

收购美国 AMC 影院公司之举要远在其后，但万达酒店进军国际市场并未引起多大的轰动，反而是万达旗下的电影院线集团引起了国内外很多媒体的关注。由此可以看出人们对文化层面的注重程度。也正是因为万达在文化产业中的大踏步前行，很多人才开始对万达经营策略进行研究，外界也开始关注起王健林财富的快速增长，以及他为什么能够在如此短的时间内创造出如此多的财富。

众所周知，万达进军文化产业的时间前后加起来只有 8 年，可是王健林却打造出了一艘令世人震惊的"文化航母"，成为了国内电影院线里的行业老大，同时也成为了在亚洲无人能出其右的霸主，而在收购了美国 AMC 影院公司之后，其规模和实力更上一层楼，成为了这一行业中当之无愧的顶尖企业。

AMC 在被万达收购的前三年内都处于亏损状态，2012 年被万达收购之后，次年实现了盈利，很多西方人都为之震惊。因为在很多外国企业家眼里，万达是一家"名不见经传"的中国企业，何以有回天之术？

这样的质疑，在 2013 年 9 月万达在山东青岛举办的东方影都的启动仪式上，被媒体变成了问题，对此问题，王健林避而不谈，话题从不落在 AMC 的转变上，反而侃侃而谈即将动工的青岛东方影都影视产业园区。他表示，东方影都无论从资金的投入上，还是规模上，纵观国内外都是前无来者的。

项目整体占地 376 万平方米，总建筑面积可达 540 万平方米。其中，并不仅仅有影视产业园（它虽然在这个项目中是"主角"，但只是整体项目的一部分），还有电影博物馆、影视会展中心、影视名人蜡像馆等与影视相关的项目，此外，诸如万达文化旅游城、度假酒店群、游艇俱乐部、汽车极限秀、滨海酒吧街、国际医院等相关项目也一应俱全。由此来看，万达此次在山东青岛的投资并不是单纯意义上的影视基地建设。

王健林表示，此次在山东青岛这一项目中，他们将合力打造一个世界上最大的影视基地和度假城，王健林对此信心满满。

王健林的这种自信，主要是来自于万达对美国 AMC 影院公司的收购——在成功收购 AMC 之后，王健林在世界影视圈内有了很大的"话语权"，尤其是在短短一年间就将一个连续三年都亏损的公司扭亏为盈，这使得世界上众多影视公司纷纷谋求与它的合作。从东方影都参加启动仪式的全球各大影视公司董事长名单上亦可见一斑。

然而，在王健林看来，人们都只看到了事件的表象，忽略了最为实质的东西。在谈到万达影视院线未来的发展时，王健林说："如果按照正常走的话，那么万达就永远也做不到第一。"

王健林所说的"正常走"，即按部就班、中规中矩地发展，这其实也是很多企业都追求的一种相对稳健的发展方式。在王健林眼里，这样的"正常走"初看似乎十分平稳，可市场历来都是不平稳的，正常走下去的结果只能是一点点被市场淘汰。

那么，与正常走相对的"不正常走"是什么呢？"不正常走"，并不是要企业去走歪门邪道，搞不正之风或是不正当竞争，而是一个企业在发展过程中一定要采取一种突破常规的模式，这才是企业发展的最佳"捷径"。

众所周知，很多知名的世界级企业之所以能快速占领全球市场，基本都采用了连锁机制，比如人们熟悉的肯德基、麦当劳等快餐巨头，几乎以秋风扫落叶之势，在短短数年间便占据了中国市场。

王健林的万达酒店的成功就是这种模式的功劳。统一的管理、统一的标准的确给连锁经营带来了好处，不仅降低了成本，还在不断的经营中树立了自身的品牌。

万达影院也是如此，如今这种连锁经营的方式在国内已很常见，但唯独王健林所经营的万达影视院线在短短8年的时间内脱颖而出。很多人都认为，万达影院之所以能一骑绝尘，是因为万达有雄厚的资金。不过，国内有不少企业同样实力不俗，却缘何只有万达登顶？这主要与经营理念有关。

万达集团的连锁经营模式虽并不是王健林独创，但是他运用这种理念却接连成功，比如万达酒店、万达影院等等，它们成功的关键，在于王健林并不是简单的模仿，而是在不断地思考并寻找更好的发展方式。

王健林是敢"第一个吃螃蟹"的人，他做什么都要争取做到第一，比如万达酒店、万达影院，不仅要做到国内第一，还要做到亚洲第一、世界第一。因为他明白，一个企业如果不想做到第一的位置，很快就会被市场淘汰。

企业如果不走出自己的小圈子，就会如井底之蛙一样目光短浅。因此，"敢做第一名"是取得成功的先决条件。有了这种信心，就要为实现这一目标而寻找适合自身发展的脉络。王健林在发展万达影视的过程中，一边在国内发展万达影视院线，一边又积极地为收购美国AMC影院公司做准备。

王健林所做的这一切，目的只有一个——让万达影院真正走出去，成为世界第一。而与此同时，他又在兴建东方影都。

从行业角度来看，王健林的举动都是与电影无关的一些"擦边球"行为，因为真正向好莱坞看齐的话，必定要着重于影视制作，但王健林没有陷入常规的发展路数，他在和影视有关的其他基础设施上做文章——在他看来，影院是保障影片能够播放的平台，也是产生利益的重要一环，而影视拍摄基地便能引来那些世界超一流的导演、剧组、影星等。

与此同时，青岛国际电影节的建立，更为万达带来了极高的声誉。可见，王健林围绕影视产业做的这些类似擦边球行为，其实都是看似无关紧要、实则必不可少的重要举措。

王健林有这样一种意识：要想做到世界第一，就需要万达不走寻常路，唯有如此，才能觅得夺取王冠的捷径。

好莱坞之梦

随着万达集团山东青岛东方影都项目启动，王健林多年的梦想也彻底展露在众人面前。

万达在山东青岛整个项目的投资超过了 500 亿元，如此大手笔，自然引发了外界的高度关注，不仅国内几乎所有的媒体都争相报道了此事，就连国外的许多媒体也在凑热闹，其中，全球知名的财经报纸《华尔街日报》更是专门对王健林进行了采访。

王健林表示，此次在东方影都项目的启动中，万达之所以会投入如此大额资金，就是要打造出一个属于中国人自己的"好莱坞"。

关于他的这一大梦，不少人颇有微词，万达虽然资金雄厚，王健林做事又大胆，堪称全球第一的东方影都，若真的与久负盛名的好莱坞比拼，到底是否有胜算却不得而知。

王健林对此有自己的打算，诚然，好莱坞历经数十年发展，的确成了全球音乐与电影产业的中心地带，但是这并不代表它会一直称雄于天下。王健林知道，好莱坞的形成有它特殊的原因，而多年的经营也使得其音乐、电影产业辐射和扩散到了好莱坞的周边地区，因此当下的好莱坞在他眼里，只是人们思想意识里固有的一种"象征"。这种"象征"，早晚会被另一种"象征"

取代。

王健林很清楚，东西方文化存在一定的差异，即便这种差异随着经济文化全球一体化进程有了一定的缩小，但依然存在，正是这种文化差异，造就了东方人的观念或影视作品与西方不同。比如，西方人对中国文学作品的接受程度。中国虽有厚重的文化积累，也产生了众多优秀的文学作品，但是诺贝尔文学奖却一直到2012年才降临到中国作家的头上。

西方人现今才刚刚开始对中国文化有一定的认识，或者说印象，而很多在中国国内无论艺术手法还是内容都平平的影视作品，却得到了西方人的“认可”。在王健林看来，这里面固然有向西方推介中国文化的原因，但关键点还在于中国乃至整个东方国家是如何向西方国家展示本土文化的。

这样的想法，也可以划归到王健林义无反顾地收购AMC的原因中。借助AMC这个最适合的平台，王健林可以充分向西方人展示中国等东方国家优秀的文化作品，让西方国家及时且相对全面地了解东方文化内在的底蕴。

王健林认为，只有做到这一点，才能真正实现东方人与西方人之间的文化互通。

王健林利用AMC平台在国外电影市场及时推出的国产影片《泰囧》等影片的成功，是他这种文化理念成功落地的验证。由此，“东方影都”的未来轮廓在王健林的脑海里更清晰了。

而通过一次次试验，王健林发现，尽管东西方人由于生活环境、生活习惯等方面存在一定的差异，甚至语言、表达方式也不同，但他认为艺术是无国界的，是相通的，因此他认为西方人和东方人在表达方式上没有多深的鸿沟。比如，喜欢直接表白的西方人并不是读不懂中国人的含蓄，这一点从很多西方人创作的诗歌作品中就可以看出。

年轻时的王健林，曾读过几首英国桂冠诗人华兹华斯的诗歌，其在意象的表达等方面和中国的许多诗歌并没有什么差异。因此，王健林觉得，要想让西方人承认东方文化，不是去改变东方文化的浓厚底蕴，按照西方人的习惯改变自身的状况，而是要做到让西方人真正从思想意识里接受东方文化，这样才能让西方人真正了解东方文化的精髓。

在王健林的这种文化理念影响下，才有了万达电影院线，有了万达文化产业集团。

事实上，当时万达的很多股东都认为，以商业地产起家的万达去做文化这一行会吃力不讨好，因为把文化作为一种产业来发展，在当时还仅是一种尝试，而在人们的意识里，文化历来被视为精神层面的东西，似乎文化只要和赚钱沾上边就不"纯洁"了。

王健林不这样认为，在万达酒店向外扩张的过程中，他发现文化其实和体育一样，同样是一种产业，尤其在国外，很多文艺活动或体育竞技项目，都已经成为当地经济的一大支柱产业，所以他认为此时进军文化产业，可谓恰逢其时。

换言之，文化并不像当时很多人认为的那样出现了疲软，而是人们的审美得到了提升，在这种情况下，文化产品本身也要相应地得到提高。

此时王健林还发现了另外一种现象，即网络对很多传统项目造成了巨大冲击。比如对传统的报刊业的冲击，使得很多报刊出现了大幅亏损甚至停刊，其他相关文化产业也受到了不同程度的冲击。

电影业也不例外，大量盗版光碟的泛滥，以及网络视频的出现，导致全国很多影剧院都出现了门可罗雀的情景。当时的很多国内电影院都处在一种"风萧萧兮易水寒"的境地。因此，万达在此时进军文化产业，很多股东看来都无异于螳臂当车。

王健林却看到了另一番景象。他认为，当市场发生变化或出现某种危机时，都会出现不景气现象，市场也会出现困顿现象，但在这种现象之下既存有风险，也存有难得的机遇。他看准了文化这一行业在向市场转向时一定会有一个过渡的过程，当时就是这种情形，他还因此列举出了国外相关产业的一些发展现状。

不过，不少股东仍难以转头支持他，在他们眼中，当时国内的房地产业刚刚抬头，发展势头很好，尤其是万达所从事的商业地产，未来发展的潜力很大，而万达在发展商业地产的过程中顺带发展的万达酒店更是蒸蒸日上。

因此，万达的股东们认为，万达在此时不应当有其他想法，应当抓住这一难得的机遇，集中精力把商业地产做强做大。而且做商业地产的利润空间很大，万达在这方面有很多经验，如果再去发展文化产业，会分散万达的精力——当时有99%的股东都认为，做文化产业，尤其是开设影院，几乎是把白花花的银子扔到水里，根本赚不到钱。

然而，眼光长远、行事果断的王健林据理力争，力排众议，最终使得股东们答应了。7年后的2012年，万达在王健林的大力发展下，一跃而雄居于中国之首、亚洲之首，这是大多数股东们不曾想到的。而王健林打造"中国好莱坞"的大梦，也在原本模糊的境况下开始清晰起来。

"概念"引领路线

很多人都知道，万达进军电影业是出于自身的"好莱坞之梦"，想要打造出一个东方的好莱坞，而这一点恰恰符合了国家的文化发展战略，因此万达才得到了诸如中国电影家协会等单位的大力支持。

国家需要有几个能够与华纳兄弟影业公司相比肩的影视公司，而王健林的"好莱坞梦想"正好符合这一理想。

这不是一种巧合，而是王健林在万达的发展过程中的一种思考。因为就房地产这个行业而言，再有 15～20 年，行业就会萎缩，这才有了万达从住宅地产到商业地产的华丽转身，然而这也无法阻挡中国的城市地产开发逐渐饱和与萎缩的现实。王健林希望把万达做成一个"百年企业"，要做到这一点就必须进行企业转型——从住宅地产转型到商业地产就是从这一思路出发的。

但是，一个不容忽视的事实是：自从 2009 年中国人均 GDP 达到 3000 美元之后，伴之而来的就是旅游事业的快速兴起，这就使得文化旅游产业成为未来最为重要的淘金产业。因此，王健林提早预见到这一发展趋势，便迈开了向文化产业进军的脚步。

在王健林投身电影产业的时间里，他已经投资了上千亿元，这足见其对电影业的重视。他如此大手笔地进军电影产业，有他想打造"东方好莱坞"的梦想，同时还有他将万达做成"百年企业"的长远愿望。除此之外，还隐藏着另外一种发展战略。

要想搞明白这一发展战略，就必须弄清楚王健林选择青岛作为文化产业起航之地的原因，而这与青岛这座城市的定位有关。

青岛市政府从 1998 年开始，就决定利用其优质资源大力发展旅游产业。在市政府的规划中，准备用和青岛老城区隔海相望的胶州湾西岸做文化旅游产业开发，青岛市政府的愿望也是将其开发成"中国好莱坞"。

香港艺人吕良伟的夫人杨小娟所在的公司，就曾在 2009 年与青岛市政府接触过，并提交过一份类似的报告，尽管当时双方所谈的不是占用万达后来所占的地块，但开发理念却与青岛市政府不谋而合。

后来，在澳大利亚 COX 设计公司所中标的青岛凤凰岛规划概念设计中，再一次明确提出将此块区域打造成中高端文化旅游区的概念，并将整个凤凰岛的项目定位在"以中高端休闲度假、影视文化娱乐为主题，集影视特色游、山海运动游、民俗风情游、商务会议游和生态旅游为一体，具有国际水准的滨海旅游度假胜地"。

历经 10 年的用心打造，青岛市政府才发现，万达所提出的影视文化概念下的新城市综合体系是最适合青岛发展的，并且"东方影都"项目更与青岛以文化旅游为主的发展方向吻合，其也会成为城市发展的一个引子，一如美国好莱坞发展起来的那种模式——从最初的影视制作演变成了一种文化旅游产业集合地。而这也是青岛游艇产业园区改为万达文化旅游城的主要原因。就像万达进军文化产业时一样，要想突显出大文化底蕴，必须先着重突出影视业，万达只要在影视业做出了成绩，其文化产业自然就"公诸于众"了。

同样，东方影都如果打响了名号，隐藏在其背后的万达文化旅游城自然就会发展起来。换句话说，王健林的"好莱坞梦想"如果真的实现了，整个青岛市及其周边地区就会成为像好莱坞一样的集文化旅游、影视制作及商业为一体的城市。

这是一种绝对的双赢局面，而王健林在圆自己的"好莱坞之梦"的同时，也将成功圆其将万达打造成"百年企业"的梦想。

青岛影视产业基地共有28.5万平方米，好莱坞环球影城的占地面积有169万平方米，东方影都要想超越好莱坞，在后续开发中必定会首先从规模上赶超，而到了那时，依托于东方影都背后的万达文化旅游城的规模同样会水涨船高。

在万达计划分期投资高达500亿元的青岛项目中，人们所看到的是万达旗下炙手可热的文化产业集团的一次"壮举"，也可以说是万达在实现企业转型过程中的又一次创新之举，而隐藏在青岛东方影都背后的，即是整个万达思维之下庞大的"万达商业帝国"。

2012年，万达集团正式成立影视制作公司，开始在电影制作业务上大展身手，其后出品的电影《Hold住爱》，借助档期的准确性和院线的大力支持，在七夕大有斩获。万达影视传媒有限公司计划"从2013年起，每年投资不少于8部影片"，其中包括《警察故事2013》《太极侠》《宫锁沉香》等，万达参与投资并于2014年3月上映的《归来》，无论在艺术性还是观众口碑方面都获得了不错的成绩。

万达影业发布了"2014年新片计划"，从"五一"档新片《催眠大师》到冒险巨制《鬼吹灯·寻龙诀》等佳作，囊括了悬疑、爱情等多个领域。

不过，国内电影制作还面临诸多问题，包括业界人才、电影科技、电影审批制度等，都使得电影产业体量很小，养活院线基本靠进口电影支撑。此外，电影行业这两年风生水起，竞争更加激烈，除了传统的国营和民营电影制作公司之外，以BAT（百度、阿里、腾讯）为代表的互联网公司纷纷携巨资杀入电影行业，并可能颠覆原来的业态和渠道价值。

王健林对万达影视介入内容制作颇为谨慎，他在接受媒体采访时提到，文化产业的发展还高度依赖国内文化管理体制的改革和创新，在目前状况下，国家对文化内容的过度监管，使得文化创新能力高度受限。

有意思的猜想是，随着更多资本在文化领域逐鹿中原，随着大众审美口味通过市场机制发生作用，资本、市场和监管之间必会发生很多隐形的拉锯战，最终市场和科技的力量将有可能胜出。

万达年收益过千亿，而带领万达不断发展的王健林能打造出令国人振奋的大连万达足球队，并在短时间内打造出中国第一艘文化航母，且其旗下的万达电影院线也一跃成为全球最大的电影院线，这一系列举措着实令人钦佩。

至于未来王健林的"好莱坞之梦"是否能够实现，万达是否能如愿以偿地实现企业的转型或产业的升级，从而实现"百年企业"的梦想，其实并不重要，因为从一开始，万达在王健林的带领下就已经赢在了起跑线上。

10
万达架构

万达百货之殇

如果说，进驻文化产业是王健林心底的"爱国之梦"，稍显"任性与奢侈"，那么以地产为基，无限发散，看上去便自然而然了。

剔除了住宅和商业楼宇销售这块万达收入和利润的核心来源之后，万达以商业地产面貌经营的几大业务板块，包括万达百货、万达院线、量贩 KTV、万达酒店等其实都是商业地产的衍生品，不过，这些衍生品更符合公众认知的商业地产形象。

然而，这些业务板块在整个万达集团的收入中占比都不高。2013 年，即便处于商业运营核心位置，商业管理公司的业绩却十分不尽人意，租金加上物业管理费的总收入也不过 7.34 亿元，勉强占到总体营收的 2%。

此外，作为万达的主要业务链条，文化娱乐板块中的院线、KTV 及《华夏时报》，还有酒店、百货等其他板块，加起来仅占整个集团收入的 15%，这似乎说明，万达的商业地产模式在收入贡献上并不理想，如果不依靠住宅和商业楼宇销售收入来输血，万达模式自身的可持续发展将存在严重挑战。

那么，如何把这几大业务板块做扎实，提升营业额和利润，让万达商业地产更加名副其实？这对王健林来说具有重要的战略价值。

在某种意义上说，万达百货一直是王健林的心病。

万达百货是中国最大的连锁百货企业之一，拥有高端奢华店、精致生活店、时尚流行店和社区生活店 4 种形式，在全国已有 83 家。万达百货看起来虽然体量不小，但其经营状况并不如意，始终难以走出亏损的窘境。

2013 年，万达百货虽然有 154.9 亿元的营收，增幅也达到 39%，但也仅仅完成了原定目标的 91%，而且净利润不增反减，亏损的局面进一步恶化。

一直以来，遭受电商冲击最严重的还是传统的百货业。王健林在 2014 年的上半年报告中，虽然仍提到万达百货未来可能通过并购扩大业务，但是中国百货业从 2002 年开始出现的关店热潮始终未曾停下来。

2014 年 4 月至 6 月，曾经显赫一时的百盛百货、中都百货、摩登百货以及新光百货等共计 8 家百货接连陷入关门停业的窘境。到了 7 月，广东湛江王府井百货也难逃厄运，实际上，这家百货只开业不到 2 年的时间。

2013 年，万达打破线下百货的常态，开辟万汇网，以此带动线上零售业的发展，引入了电商和 O2O。万达方面认为，造成百货业不景气的原因，一是全国范围内的百货行业基本都陷入泥潭；二是万达百货自身的调整。

事实上，万达百货始终在传统百货的范畴中寻找转型，只是未见方向。万达百货是为了万达广场而生的。随着 2005 年万达城市综合体模式的确立，万达开始快速地在全国范围内扩张。

万达广场的主力门店必然需要一个百货业态，万达广场的开发速度太快，原本曾与万达集团合作过的百货公司，比如新世界百货等跟不上万达的节奏。但对万达来说，大型超市和百货商店这种主力店的存在，是构成万达商业地产的重要部分。为了全国各地万达广场有统一的定位和形象，万达也不能选择那些区域性百货公司合作。在这种压力下，2007 年以后，万达集团就开始组建自己的百货公司。

万达百货原来的名字是万千百货，2012 年改名为万达百货。纵观万达百货多年来的业绩，可以明显看出其经营之路异常不顺。2012 年，中国连锁经营协会发布"2012 中国连锁百强"排行榜，万达百货的单店盈利能力远不及百盛、银泰、王府井等，排位自然靠后。

事实上，万达百货有些先天不足。站在经商的角度，一家百货店想要有好的业绩，首先要有足够的人气，因此门店要选址于人流密集的区域，也就是城市的核心商圈，但是反观万达广场，有些无论从相对地理位置还是辐射的人群范围，都不太适宜开设百货店，或者说必须依赖比较长时间的人气培养才行。

从功能定位而言，万达广场立足于购物中心的功能，而万达百货也是如此，这就意味着二者的定位有所重叠。据中联购物中心发展委员会的数据显示，国内发展较优的购物中心正在借助专卖店和集合店的组合替代百货主力店功能。

比如像服装类业态，服装品牌商是万达店面的主力需求者，但万达自身并不拥有任何服装品牌，正如万达公告透露出来的信息，万达百货在全国布局还不够完整，品牌定位不清晰，高度依赖物业方的租金优惠或者减免，除了拥有相对充裕的现金流外，尚无法给集团带来实质性的盈利能力。

在这种结构性困境下，万达百货管理层一直人事动荡。2011年8月，前万达集团招商中心总经理张华容接任万千百货副总经理一职，上任两个月后，便宣布离职；2012年5月，苏杰接下万达百货常务副总经理一职，此前，他是金鹰商贸的副总裁，然而，工作4个月后便悄然离开万达百货；同年9月，又有一员大将离职，他就是万达百货副总经理赵润涛；同年年底，万达百货总经理丁遥宣布离任。高层的不断离职，让王健林苦恼不已。

一位接近万达高层的人士透露："现在的经济环境下，万达百货已经完成了其历史使命，也到了进行转型和调整的时候了。"万达百货正从多个层面进行调整。从组织架构而言，万达百货着手调整总部的营运中心，将原本独立的招商和运营二合一，并组建了3个事业部负责每一大区，专管各区和直属门店，由此确定了三级管控架构，即总部、区域和门店。

在2013年的工作会议上，王健林花了大量时间对万达百货作出具体部署：降低零售业态的比重，尤其强调减少服饰类的占比，转而在生活类业态上下工夫，如时下热门的美甲、书吧和教育培训等项目，以此丰富万达广场的业态种类，吸引更为广泛的消费群体。此外，还要求减少业态重叠，进而提高不同项目的收益。

为了践行新的工作部署，在 2014 年的第三季度，万达集团从万达广场二楼入手，大力度减少服饰类业态，增加生活服务类业态，并且以新开业不久的大连高新和宜兴的万达广场作为试点，进行小范围推广，最终的效果超出预期。调整后的万达广场二楼客流比未调整的客流量增加 10% 以上，销售额增加 8%。随即万达集团提出新的要求，在 2014 年第四季度后开业的万达广场，将会全面取消二楼的服饰业态，力求在 2015 年前完成已开业的 72 个广场二楼的业态调整。

此外，万达集团还将目光锁定在综合儿童业态上，此业态在日本、韩国已经悄然兴起，内容虽不够丰富，但发展势头良好，中国国内尚未有人尝试这个项目。尽管已有公司表达了想与万达就儿童业态合作的意向，但为了达成更好的效果，万达最终决定自己进行研发。

万达广场儿童业态将包括零售、游乐、教育及美食，儿童业态的加入将会大大提升万达广场的粘性。

王健林还曾努力想把万达百货推向资本市场，但由于在租金方面和万达集团存在复杂的关联交易，同时其盈利前景不容乐观，而国内上市通道又如此拥堵，万达百货上市被迫搁浅，可想而知，万达百货离资本市场似乎越来越远了。

从万达集团的战略层面来说，王健林十分需要一个成规模的、健康的万达百货，只有这样，才能把万达商业地产的形象做得更为实在。因此，万达百货一直作为万达集团的五大战略行业之一，但随着越来越激烈的同业竞争，零售业态的变化，再加上电子商务的冲击，万达百货的发展前景越发模糊起来，甚至在未来，百货将会从万达广场中消失。

的确，随着万达集团向文化旅游方向转型，万达百货在集团中的地位越来越不重要，在某种意义上说，其已经成为万达商业帝国的鸡肋。如果未来万达承受资金链压力，需要收缩资产负债表的话，万达百货将是率先被调整的部分。

奢侈品入驻

众所周知，奢侈品在全世界范围内从来都不进驻购物中心，因为要想找到适合奢侈品的购物中心十分困难，再加上奢侈品对商场本身也有一定的设计要求，这就造成了很多购物中心无法满足奢侈品的进驻条件。然而，万达旗下的万达广场却打破了这一规则。

2010年，一些奢侈品品牌与万达联系，表示愿意进驻中国济南、广州、合肥地区的万达广场。王健林听到这一消息后十分兴奋，他表示："随着中国加入世界贸易组织后，中国的消费能力有了很大的提高。可以说，中国的奢侈品市场是十分巨大的。我相信，只要奢侈品品牌入驻万达广场后，他们肯定会追着要和万达广场签约。因为只要他们进驻了万达广场，就会发现自己获得的利润是惊人的，这样他们又有什么理由不和我们签约呢？"

2012年6月23日，在长沙的开福万达广场，"星耀万达，名仕之夜"暨万达全球奢侈品中心启幕盛典隆重举行，一线明星周慧敏现身会场助阵。长沙开福万达广场的总经理黎愿国在此次盛典中发表了讲话，他总结了万达广场近年来的骄人业绩，并表示，奢侈品品牌进驻长沙开福万达广场仅仅是一个开端，在尝到甜头后，很多奢侈品品牌会陆陆续续地进驻万达广场。

此前，王健林曾在两会上放言，进驻万达广场的奢侈品店将会打破中国的纪录，而万达广场将是中国奢侈品行业发展的最大推动力。

2012年7月6日，经过反复洽谈，长沙开福万达广场最终得以与众多国际知名奢侈品品牌达成合作意向并签约，特为此举行了空前浩大的奢侈品品牌签约仪式。在此次签约仪式上，众多国际一流模特表演了一场极其奢华的品牌秀，这让众人享受到了一场奢华的视觉盛宴。

而让众人没有想到的是，在这些顶级奢侈品品牌中，竟然还有世界顶级豪车品牌劳斯莱斯。对此，长沙开福万达广场负责人表示，万达广场在进驻奢侈品行业之初就选择走高端路线，世界顶级豪车品牌劳斯莱斯的加盟是意料之中的。可以说，长沙开福万达广场引进的大规模奢侈品品牌，已经打破了中南地区的纪录。

毫无疑问，万达这场奢侈品签约仪式完美落幕。随后，长沙开福万达广场作为中南地区最大的奢侈品购物中心，也在两个月后迎来了它的开业盛典。

截至2013年7月，长沙开福万达广场涵盖的店铺除了万达影城、万达百货、大玩家超乐场、大歌星KTV、国美电器、好食上大酒楼、华润万家城市超市等主力店外，还有诸如蓉李记、广东蕉叶、韩罗苑、味时尚、蜀国江上、57度湘等集合了餐饮、精致品牌等商户的入驻。

长沙开福万达广场中仅万达百货一个主力店铺的总面积就达

7万多平方米，经营的种类多种多样，囊括了男女鞋、化妆品、运动休闲、精品男女装、珠宝钟表及家居童品等品类，这与万达广场整体业态丰富的特点相互辉映，也使得万达广场成了长沙市内首屈一指的一站式购物娱乐休闲中心。

而伴随着奢侈品品牌与长沙开福万达广场合作的成功，更多的奢侈品品牌决定进驻万达商场，这也让王健林产生了再次与奢侈品品牌合作的想法。

2013年，武汉万达广场的负责人召开了新闻发布会，宣布王健林将有"皇冠上的明珠"之称的全球奢侈品中心落户到武汉。该奢侈品中心占地13万平方米，位于武汉中央文化区的中心地段，于2013年9月开业。在建立该购物中心时，万达集团将它打造成了武汉市独一无二的地标建筑，而且开创了多项中国之最。

2013年9月28日，武汉汉街万达广场迎来了开业大吉的日子。就在同一天，万达嘉华酒店和杜莎夫人蜡像馆也在同一时间开业。这三个项目的同时开业，不仅提升了武汉市的商业、文化、商务水准，还树立了万达的新标杆。

其实，单从武汉汉街万达广场的创新型建筑上，人们也可以窥见万达集团对武汉汉街万达广场的重视。

在此次开业典礼上，各界人士和媒体记者共同见证了"辉煌万达 炫动武汉"的精彩时刻。另外，作为万达总裁助理及武汉汉街万达广场的总经理，王战峰代表万达集团向慈善机构捐款50万元，作为帮困助学基金。万达以自己的实际行动践行了自己的企业使命："共创财富，公益社会"。这让各界人士都对万达印象极佳。

武汉汉街万达广场内设有万达各大商业业态的主力店铺，其中有万达百货旗舰店、KTV 全国旗舰店，还有 15 个影厅，其中有 3D 影厅、IMAX 巨幕影厅，可容纳 3000 人同时观影，是目前中国设备最先进、规模最大的万达影城旗舰店。

在武汉汉街万达广场中，万达百货占据其 70% 的营业面积，其中汇集了 Bottega Veneta、Kinloch Anderson. Lindberg、Balmain、Moneta、Clarins、Roberto Cavalli、Swarovski、Sisley、Jurlique、SK-II、Est é eLauder 等国际一流奢侈品品牌，之后还会有更多的国际一流奢侈品陆续进驻。

这些顶级的奢侈品品牌可以让消费者得到奢华的享受。毋庸置疑，凝结了万达众多希望的武汉汉街万达广场，必然会在以后的经营中赢得消费者的信赖，并让武汉市的国际形象深入人心。

随着国际众多顶级的奢侈品品牌进驻万达广场，万达自身的发展亦是更上了一层楼。

打造文化旅游城

从万达官方公布的时间轴上可以看到，在国际扩张的路上，万达的战绩还包括 2013 年并购英国圣汐（Sunseeker）游艇公司及组建英国房地产开发公司，并在 2014 年初计划斥资 20～30 亿英镑在英国开展城市改造项目，以及以 2.65 亿欧元的巨资收购西班牙马德里的地标建筑——西班牙大厦等。

有人猜测，万达之所以会对圣汐游艇下手，是基于王健林本人对游艇的喜好，他曾以个人名义一掷千金，以近 8000 万元的价格买下圣汐"战舰 108"型游艇。当然，购买圣汐的缘由绝非如此简单，万达此举意在为旅游板块添砖加瓦。

英国圣汐游艇公司历史悠久，可以追溯到 1968 年，经过几十年的经营，早已成为世界顶级奢华游艇品牌，也是英国皇室尤为青睐的游艇品牌，为英国皇室提供专门服务。这家公司拥有 2500 多名员工，年营业额可达 5 亿美元，实力不俗。这给了王健林极大的信心，他坚信游艇作为高端奢侈品的领军产品，会引领富豪们的消费趋势。

原本，按照既定的战略布局，万达今后将在大连、青岛及三亚各创立一家游艇俱乐部，并配至少 10 艘游艇，有 300 个泊位，以此吸引其他游艇来此停泊。但是，经过细致的考察分析后得出结论，与其购买 30 艘游艇，不如直接收购一家游艇公司，所以最终万达将圣汐收入囊中。

在国际扩张过程中，王健林不但在管理方式上甚少干涉，而且还充分利用原有管理层，激发他们的积极性。成功收购圣汐后，万达甚至没向圣汐公司派驻一个员工，他说："我们现在进去（收购），无非就是有一个新的主人，给予适当的政策，我们相信他们会干得更好。"

王健林表示，万达在海外并购的道路上，始终坚持三条准则：其一，着眼于经济繁荣昌盛、市场成熟的国家进行投资、并购；其二，"并购为主，投资为辅"；其三，选择并购的公司必须与万达已有业务息息相关，并且以文化、旅游及零售产业为中心。

为了万达的多元化发展，为了旅游板块得以扩展，万达斥巨资收购了游艇业务。当万达着手建造大型旅游度假区时，王健林有一个重大发现，他认为此类项目成败的关键，是万达能否在全球范围内实现资源的合理调动。

在国内，万达和数千个品牌都保持着战略合作关系，即便新开业的万达广场所在的区域还未成熟，但是依靠万达自己持有的商业部分，便可以确保新开业的万达广场以满租的状态开业。然而，问题在于国际酒店品牌、大型演艺公司等不可完全照搬已有的商业模式，万达需要慎重考虑一下这部分资源的整合策略。

眼下，万达在滚动开发的典型作品包括长白山国际旅游度假区、西双版纳国际旅游度假区、无锡万达文化城、青岛东方影城和南昌万达文化旅游，这些项目典型的业态包括住宅、主题公园、高尔夫球场、高端度假酒店群、主题商业街和旅游小镇等。在这些庞大的项目中，王健林的拳头产品仍然是住宅地产，通过住宅销售来反哺文化和旅游项目的开发。

不过，这种策略也面临一些变数。像青岛、武汉、南昌等有增长潜力的二线城市，住房需求可以与万达的销售策略相匹配，但那些更偏僻的，如长白山旅游度假区、西双版纳国际旅游度假区等，基本是在荒无人烟的地方搞的一个造城运动，虽然土地成本几乎可以忽略不计，但在相关配套项目没有建成之前，住宅项目的价值不会充分体现出来，因此销售难度很大。

依托于旅游文化或国际度假区名义建造的其他板块，看起来或听起来都很美，可从商业角度来看，却隐含了很多挑战，包含文化表演、商业街区、星级酒店等，短期之内都不会有盈利能力，在相当长的一段时间内，其维持和发展都需要万达集团输血。对王健林而言，如何熬过这漫长的项目培育期，将是一件十分考验耐心的事情。

当然，王健林对此有清醒的认识。他认为，这些项目全国都不能超过 10 个，否则就是自寻死路。

迄今为止，万达集团已经在青岛、南昌、武汉、长白山、西双版纳等地建设了文化旅游城。不过，在各个地方政府都要提升城市形象，在拉动经济发展的普遍压力下，更多像万达这样的公司会与地方政府团结合作，共同推动旅游文化项目，因此万达文化旅游项目的未来发展前景不容乐观。

不管怎么说，与国内其他开发商来相比，万达在文化旅游这一块已有相当大的竞争优势。2012 年 9 月，万达专门在北京成立了万达文化产业集团，北京市政府也给予了非常优惠的政策，比如融资、土地和进京指标等都有优惠。

万达文化产业集团，依托于万达强大的品牌、硬件建设方面的能力，加上万达与地方政府的关系、融资能力、电影院线等领域的综合整合能力，或许真能在文化产业过程中探出一条希望之路。

王健林认为，文化产业是一个没有天花板的行业，他描绘的愿景是：到 2020 年，万达集团营业额的一半要来自文化板块。如果真能达到这个目标，那时候的万达集团将真正成为一家世界级公司。

打造文化旅游城，是王健林合理调动自身资源的一种尝试。在王健林的构想中，长三角地区是重中之重，需要格外重视。此前，他曾亲自带队前往宁波、南京、无锡等地进行实地考察，经过细致严密的分析，最终选定无锡。无锡位于杭州、南京及上海等边三角形的中心位置，地理优势明显。

经过一番精心筹划，万达文化旅游城在无锡滨湖区落户，占地面积为 202 万平方米，建筑面积为 340 万平方米。万达在文化旅游项目中投资 210 亿元，分为文化、旅游、商业及酒店四大部分，包括万达城、大型舞台秀及大型户外主题乐园、度假酒店等建筑群。

王健林说："这个项目，投入精力最大，思考时间最长，创新也最多。"比如，水上乐园是司空见惯的，然而万达城却致力于打造"第四代"水上乐园项目，其中众多设备是量身定制而成，具有独特性。王健林说："这个项目，我们花了很长时间调研，跨国团队进行设计，寻找无锡当地的文化故事和互动产品。"

王健林曾在接受媒体采访时称，自己曾多次前往无锡考察，设计团队也来来回回数次，为了让舞台秀更好地展现无锡本地的文化特色，设计团队为此绞尽脑汁，前后耗时半年多。最后，设计团队为无锡室外主题公园设计了 6 个园区，每个园区都力求展现本地特色，如赫赫有名的紫砂文化，就是其中较为重要的部分。

在中国到底做什么样的文化产业，王健林认为这是一个需要认真研究和特别挖掘的课题。这也意味着，中国传统的文化源流和无锡的地方文化特色，都是王健林希望通过无锡万达城来向社会表达的要素，这其中筛选出了神话故事、当地文化和传统工艺等关键词。

而王健林打造无锡万达文化旅游城，更进一步的期望则是冲出中国，进入世界舞台，打造中国的文化品牌。

王健林说："随着中国房地产规模化开发的结束，旅游加地产模式肯定长不了，我估计就是十年八年还能玩这一套，但十年八年文化旅游布局也形成了。"在他看来，无锡万达城建立在本土之上，有着固有的优势。

"中国文化上下五千年，文化内在活力不言而喻，万达希望通过中国消费者对品牌口味的大起底，来让一些具有中国特色的文化和价值观重新激活，并在适当的时候走向海外。"在这方面，王健林似乎并不惮于做勇敢的推手。

万达酒店，推动国际化

2013 年 6 月，俄罗斯总统普京正在对中国进行访问，期间，王健林代表万达集团在京签订了一份价值 30 亿美元的意向书，具体来看，是万达将在俄罗斯进行投资，投资额度将在 160 亿元至 190 亿元之间。届时，万达将会与中国泛海控股集团联手，在俄罗斯建设大型文化、旅游和商业的综合设施，初步选定在莫斯科、圣彼得堡、北高加索或俄罗斯其他地区。

根据王健林的规划，他希望到 2020 年，万达集团的收入中 20% 的业务来自国外。在这个版图中，高级酒店被认为是万达五大核心产业的支点之一。根据既有规划，到 2015 年，万达开业的五星级酒店达到 60 家以上，并且全部为自有品牌。这就意味着，万达将高端酒店视为国际化扩张的一大板块。

截至 2014 年上半年，万达旗下已经拥有五星级和超五星级酒店 59 个，是国内拥有高级酒店最多的业主。

高级酒店，是作为万达城市综合体模式的标配之一应运而生的，往往是万达广场中最显眼的建筑。2005 年前后，万达开始全国扩张的时候，五星级酒店还不普遍，尤其是很多三四线城市根本没有五星级酒店。对于地方政府来说，引进一座五星级酒店，尤其是国际品牌管理集团管理的知名酒店，无疑会成为地标性建筑，有利于提升城市形象，因此颇受地方政府欢迎。

万达集团最初的基本模式是：万达持有物业，同时引进国际品牌管理公司来管理，其中合作比较多的有索菲特（Sofitel）、雅高（Accord）、喜来登（Sheraton）、洲际（Inter – continental）等品牌。为了吸引这些品牌管理公司，尽快引进旅游或商务客源，提升人气，万达往往需要承担大部分人力费用，给予品牌管理方较高的管理费用，从而被品牌管理公司切去了大部分利润蛋糕。

为了获得更大的收益，从 2012 年开始，万达陆续收回了管理合约，改以推出自己的高端酒店管理品牌作为发力重点。这些品牌包括万达嘉华酒店及度假村、万达文华酒店及度假村、万达瑞华酒店及度假村。不过，由于高端商务客户群对酒店品牌都比较挑剔，万达自主推出的这些品牌，能否被消费者接受，还需要市场的进一步检验。

随着国内高级酒店越来越多，酒店行业竞争日趋激烈，同时酒店行业维护成本趋高，在后续经营中边际效益递减。目前，庞大的万达酒店业态，从商业回报上来说，对万达集团的贡献率十分有限。高级酒店业务对万达而言，也处在一个比较尴尬的地位，很多城市的万达酒店，比如成都索菲特万达大饭店、武汉万达广场店等的经营效益均不佳，继而出现在万达的售卖清单中。

是时，万达已经宣布将在芝加哥、洛杉矶、伦敦和马德里建造万达广场，万达在国际化扩张的布局中，将高级酒店列为其重点项目之一。

王健林在公开演讲中也提到，未来不排除收购一家知名的酒店品牌。五星级酒店回报周期长，现金流比较稳定，同时随着物业资产升值，其融资功能也相当重要，因此万达酒店的"面子"和"里子"即使看起来并不对称，但依旧是万达重点发展的板块，有利于万达成为一家世界级公司。

万达集团在伦敦、芝加哥、西班牙和洛杉矶的酒店发展业务都已经列入了日程。王健林认为，随着更多中国人开始出境游，加之对文化和饮食等方面的亲近感，中国人将更愿意住像万达这样的中国人管理的酒店。

在伦敦西部旺斯沃斯区的黄金地段，万达拥有自主投资建设的地产项目——伦敦万达酒店。在此，万达斥资 7 亿英镑，建成后的建筑面积可达 10.5 万平方米，包括一家 2 万平方米的超五星级酒店，拥有 160 间客房。此外，还有一套由 200 米高的塔楼组成的豪华公寓，约 6.3 万平方米，属于对外销售的部分。万达此次踏足伦敦，成为中国首家在海外投资高端酒店的企业，意味着万达在品牌酒店国际化的道路上迈出了坚实的一步。

在万达宣布进军伦敦高端酒店产业后，国内企业也有新动作，绿地控股集团有限公司从开发商 Minerva 那里拿下位于伦敦西南部的一处具有历史意义的啤酒厂地块。绿地宣布，将会斥资 12 亿英镑，在伦敦全力打造两个房产项目，作为公司在英国的首秀。

跟随着这股潮流，越来越多的中国开发商准备在伦敦开展项目，以致有英国媒体惊呼，中国资本正在"买下"伦敦。而在国际化扩张中，引领风气的万达集团，在海外的购物清单亦是不断扩张。

2014 年 6 月，万达以 2.65 亿欧元的高价拿下西班牙马德里一宗酒店项目；同年 7 月，万达计划在美国芝加哥投资 9 亿美元建造一家五星级酒店及公寓，酒店完成建设后，高达 350 米、89 层；8 月，万达将目光转向洛杉矶比佛利山市，一举拿下威尔谢尔大道 9900 号项目地块，并在此投资 12 亿美元打造综合性房产项目。

至此，万达海外投资规模已累计超 700 亿元。这也意味着，在 2014 年，万达开始加快对海外酒店业的投资和资本扩张。王健林表示，万达将在一年之内完成在纽约、旧金山等美国主要城市五星级酒店的投资计划。

传奇背后的思索

不管是万达百货、万达院线，还是万达商业地产、文化旅游板块和高级酒店等，这些都是万达在多元化思维下的横向发展，机会与风险并存。事实上，对万达集团来说，有一个最根本的风险不容忽视，即来自经济周期或者商业周期的风险。

过去的 30 年，中国经济的飞速发展是万达集团崛起的重要环境因素，未来经济下行趋势将同样对万达构成致命威胁。

如果经济趋势下滑，那么万达集团所面临的风险将是系统性的。这不仅影响万达的利润生命线——住宅和商业楼宇的销售，也会对万达的百货、酒店和文化旅游板块构成重大冲击。万达集团的产业特征和经营体量，都使它和经济周期的关系更加密切。

而对于中国经济的发展前景，社会各界的看法颇有分歧。

2012 年以来，房地产市场出现了不同的派系，各种争论此起彼伏，影响深远。

王健林曾经在无锡万达旅游文化城奠基仪式上指责那种唱空房地产的人是别有用心，他对中国经济走势十分乐观，认为中国目前的城镇化比例才 51%，要达到像西方发达国家的城镇化率即 75% 左右，意味着还有 2.5 亿人要移居城市，这将释放巨大的需求，也是中国房地产保持向好的最重要因素。

王健林甚至乐观地预测，到 2022 年前后，中国经济总量将会超过美国，成为世界第一。正是基于这种判断，万达集团才持续保持高投资、高增长的态势。

但是，2014 年的数据却显示，房地产市场的衰势十分明显，以北上广深为代表的一线城市交易量下跌接近三成，与此同时，大量的库存和空置房使得房地产行业普遍资金紧张，有不少开发商因为资金链断裂而破产。

王健林所提及的这些只是理论上的增长空间。各国经济发展历史，像中国这样持续发展 30 多年的已经十分罕见，而如王健林那样设想再顺利发展 20 年的，几乎是绝无仅有的。

根据国家统计局于 2014 年 7 月 16 日发布的数据显示，2014 年上半年，商品房销售面积为 48365 万平方米，与去年相比，不增反降 6.0%，商品房销售额为 31133 亿元，同比下降 6.7%。可以看出，房地产的发展形势有所放缓，投资增速明显回落。

近些年，商业地产的"大跃进"，包括很多万达模式的追随者，比如大悦城、富力地产等商业地产的大量入市，不但延缓了销售速度，也提高了招商难度，拉低了租金收入，这些都对万达构成了直接的冲击。

自 2014 年 6 月以来，数十个地方政府都取消了限购措施，而中央政府也通过所谓的定向宽松政策，即央行给国家开发银行的定向降准、再贷款等措施，增加货币投放，推进更多棚户区改造、高铁等基础设施的建设。可以预见，货币政策也将逐渐趋于宽松。这对万达集团来说，不仅短期之内可以降低资金和财务成本，还为旗下的地产等业务提供了支撑。

电子商务带来商业模式的重大转轨，经济周期带来商业环境的转换，这些都对万达商业模式构成了重大的外部挑战。对王健林和万达来说，还有两项很重要的挑战是：万达的管理架构如何维系效率，万达股权结构如何支撑不断扩展的商业帝国。

万达早年的管理模式，基本是参考沃尔玛而形成的一套运营导向、中央集权的管控模式。在资产规模和营运规模日益扩大的同时，经营区域不断得到扩展，经营场所却日益分散，在这般情况下，想要长久立于不败之地，就不得不对经营管理、组织协调及风险控制能力加以重视。

目前，万达的核心模块包括战略管理、投融资管理、财务管理、HR 管理、招商管理、规划设计、工程管理、销售管理、运营管理、信息管理等 10 项核心职能。

万达的信息管理系统有基础设施、信息门户和管理平台，其信息管理系统涵盖了招投标系统、项目过程管理系统、运营管理系统、营销管理系统、财务系统和人力资源系统。其中，OA 系统是万达集团的协同办公平台，主要功能包括文档管理、流程审批管理、新闻公告发布等。

王健林漫长的军旅生涯，是万达模块化管理的思想基因，其也塑造了万达强调执行力的企业文化。不过，这种管理思路如何适应不同的业务体系，将是一个亟待解决的问题。

电子商务、金融、文化旅游和海外投资等业务模块，各自都有不同的行业规律，这些行业和之前建立的高度集权的军事化管控模式未必兼容，万达在管理上必须有所创新，才能跟上业务发展的步伐。

万达集团拥有十几万员工，在全国 90 多个城市拥有业务，在全世界各地拥有全资子公司，横贯了商业地产、百货、文化旅游、院线、电子商务、投资和金融业务，管理挑战巨大。如何在这么庞大的组织内保持效率、保持创新，而不陷入大公司的官僚主义病症，这很大程度上得益于王健林本人早年的军旅生涯。王健林曾经聘请国外知名的管理咨询公司，为万达集团调整架构，增加管控和决策的电子化。

正如万达商业地产在其上市文件中所表述的："一方面，跨区域经营受到各地区的经济、文化发展程度差异影响较大；另一方面，快速扩大的业务规模延伸了公司的管理跨度，从而使本公司在业务持续、快速增长过程中对管理、营运能力的要求大幅提高。若公司无法在管理控制、人力资源、风险控制、营销方式等方面采取更有针对性的管理措施，势必增加公司的管理成本和经营风险，使公司各项业务难以发挥协同效应，对公司未来业务的发展带来一定的影响。"

根据王健林的公开演讲，他已经从一线的管理事务中脱离，主管审计。不过，也有媒体报道，王健林依然是万达绝对的核心，万达的重大决策依旧高度依赖他个人。因为万达不是一家公众公司，外界的观感也许都是管中窥豹，尚不足以形成定论。

与管理难题相互伴生的是人才瓶颈。当企业到达一定规模，尤其是涉及众多行业的集团公司，人才逐渐成为最重要的资源。王健林表示，为了人才，他会八顾茅庐、十顾茅庐，万达也会不惜重金。

与万达集团合作的猎头公司有50个之多，他们都会为万达输送人才。此外，为解决人才短缺的问题，万达还成立了"万达学院"，通过做好培训，来培养更多的复合型人才。

但是，随着万达的业务越来越繁杂，万达的人才瓶颈依然是业内讨论的热点。

在股权层面，万达集团是王健林的私人公司，即便万达旗下的万达院线或万达商业分拆上市，王健林依然是万达集团的控股股东，万达集团在股权意义上将是一个"家族企业"。

王健林也可以不急于考虑万达集团的接班事宜，一是他自己精力充沛，还可以为万达工作很多年，另外他还有一个接班人——他的儿子王思聪。王思聪在英国接受了完整的教育，是万达集团的董事，他自己也拥有一家投资公司。根据公开的说法，王健林给了他5个亿让他创业，如果5个亿全部亏损了，他必须到万达上班。

不过，迄今为止，王思聪的投资效果还不错，另外，戴着"首富儿子"的光环，通过微博等媒体平台，王思聪已经积聚了大量的粉丝，并且形成了与公共舆论过招的独特风格。这种明星气质虽然未必符合王健林的期待，但他完全可能成为王健林苦心栽培的接班人，在关键的时候接过接力棒，为万达的未来掌舵。

大亨管理经

万达学院

2009 年，世界经济危机席卷全球，然而万达却并未受到什么影响。相反，万达迎来了一个高速发展阶段。飞速的发展，象征着万达需要更多的强有力的人才加盟，然而，对人才的大量需求，并不是仅仅靠招聘能够解决的，因此万达需要开辟一条新的培养人才的道路，需要建设自己的人才方阵。

万达决定出资 10 亿元来打造中国一流的企业大学，于是，2011 年，万达成立了企业大学，即万达学院。可以说，万达学院的建立，是万达发展壮大的最有力见证。

万达人力资源部的副总经理曾茂军谈到万达对人才的要求时

表示，作为万达的中高层管理人才，要具备"五个力"，分别是专业能力、个人能力、推动能力、沟通能力、专业外的综合能力。而要同时具备这几点，显然不是一件容易的事。

曾茂军对媒体说："万达正处于快速发展的时期，现在迫切地需要优秀的人才，尤其是需要中高级的管理者，这就对人才的能力提出了很高的要求。而除此之外，万达还十分看重人才的价值观。对任何和企业价值观不符合的人才，即使他们的能力达到了这几点要求，也是不要的。"

由此看来，虽然万达对人才很"饥渴"，标准却很"苛刻"。万达需要一批认同企业理念的人才，所以建立万达学院的必要性越发凸显出来。

万达学院成立后，万达将第一批优秀的中高层管理者送到那里，并请来一些企业的 CEO、著名商学院的教授来为他们讲课。而王健林则为这第一批学员讲了第一堂课。

在课上，王健林表示，他对万达学院充满了期望，希望能够为万达培养出一批优秀的学员。他说，他原本想为学员讲述万达集团的商业地产，但是，考虑到这批学员中有很多高层管理者是新加入万达的，不太熟悉万达的企业文化，最后决定讲述公司的企业文化。

王健林对万达的企业文化做了系统的讲解，并表示，随着时间的推移，企业文化也发生了微小的变化，其核心理念从最初的"老实做人，精明做事"变成了"共创财富，公益社会"，而后则变成了"国际万达，百年企业"，但不管核心理念如何变化，总是离不开诚信。因为，诚信是企业能够得到长远发展的根本。而万达要想做百年企业，更离不开诚信。

当然，万达要想得到进一步发展，在企业模式上也要做很多改进与创新，如此，企业的规模才能得到进一步扩大。

王健林讲到了企业文化的方方面面，这让万达学院的第一批学员，尤其是新进入万达的高层管理者受益匪浅。

而万达的副总裁兼万达学院院长陈平，还为第一批学员讲了万达学院建立的理念。他说，万达之所以建立万达学院，是因为万达正处于高速发展的阶段，如今已经在全国建立了50多家万达广场，每一处万达广场的开业，都需要招聘大批的人才，万达还在全国拥有文化产业、旅游度假产业、五星级酒店等，这些产业都需要大批的人才，尤其是管理人才。

另外，万达财务部的副总经理李雪峰，为第一批学员讲解了自己在万达是如何进行管理的。在工作中，李雪峰建立了创新型的管理机制以及管理理念，并采用了独特的"矩阵评分管理法"来管理员工，为企业打造了一个效率高、执行力高的优秀团队。而在审定商业管理、院线、房地产等产业的年度预算时，李雪峰创立了"三进三出"的管理模式，实现了公司预算的科学化管理。

在万达学院的课堂上，李雪峰采用了多种多样的管理方法来模拟职场，比如"实战案例法""三动培训法"等，将课堂变成了活生生的职场。而这对学员日后的工作，都大有裨益。

第一批学员接受完培训后表示，他们不仅对企业文化、理念等有了更深刻的理解，还学到了很多知识，对于接下来的具体工作，也更有信心。得知这一情况后，王健林很欣慰——他感觉自己的付出得到了回报。他还表示，万达将会培训更多的员工，以使他们的能力得到最大程度的提升，从而令他们在万达持续地长本事、涨工资、涨幸福指数。

独特企业文化

企业文化对于企业发展来说是十分重要的——企业文化可以将员工紧紧地凝聚在一起，提高员工的道德水准和文化素养，为员工营造良好的企业环境，而这样一来，便能对企业发展产生积极的影响，在无形中提高企业的竞争力，促使企业发展壮大。

任何一家优秀的企业都有其独特的企业文化，万达集团也不例外。万达集团以诚信为本，着重强调以产品质量为基石，在发展企业的同时，不忘弘扬中华民族的传统优秀文化及价值观，使万达集团形成了独特、难以模仿的企业文化。可以说，正是在企业文化的指导下，万达集团才一步步走上了行业龙头企业的位置。

万达集团 1988 年成立时，是一家名不见经传的小公司，经过近 30 年的发展，已经成长为一家集文化产业、商业地产、连锁百货、旅游投资、高级酒店等五大产业于一体的大型企业，发展速度之快令人诧异不已。

毫不夸张地说，万达集团之所以能够以如此快的速度发展，离不开王健林在企业管理上的妙招。

在管理企业的过程中，王健林十分重视企业的人文精神。在创建企业之初，他便坚持"以人为本"的文化理念，关爱员工，由此才让万达集团招到了来自世界各地的优秀人才。具体来说，王健林对员工的关爱主要体现在以下几个方面：

第一，万达集团为员工提供一流的待遇，在同行业薪酬标准中，万达集团提供给员工的薪酬水平是国内最高的。

比如，对于基层员工，万达集团实施的是工龄工资制度——万达员工除了正常收入外，每年还会增加1200元的工龄工资，而当万达员工工作达到5年之后，其仅工龄工资就能达到6000元，这是同行业的其他企业员工不敢想象的。

正是因为万达集团为员工提供了如此优厚的待遇，员工才会对公司心怀感激之心，并尽自己最大的努力为企业的建设添砖加瓦。可以说，这是万达集团发展如此迅猛的一个重要因素。

第二，万达集团为员工建立了健全的培训机制。

万达集团每年仅花费在员工培训方面的资金就高达上亿元，不仅如此，集团还在河北廊坊投资7亿元人民币，为员工建立了一所占地200亩的万达学院。

学院总建筑面积超过12万平方米，可容纳3000多人，校内配有行政楼、教学楼、室外运动场、室内体育馆、宿舍、企业展览馆、餐厅等，并且全部采用国内一流的教学服务设施，其凭借出众的硬件条件，成为中国国内数一数二的企业学院。

自这所学院建成后，万达集团每年都会安排公司中高层管理人员到这里培训，此学院为集团培训了很多优秀的管理人才，这为集团的快速发展打下了坚实的基础。

第三，万达集团十分注重对员工进行人文关怀。

王健林要求，务必为员工建立员工食堂，而且不论总部还是分公司，一视同仁，免费为员工提供工作餐。此外，在万达集团内部，实行幸福度假制度，一旦评为优秀员工，即可享受这项制度，不但可以在全国万达酒店中任选目的地，给其报销往返机票及住宿费，还可以为其家人报销两人的往返机票以及住宿费。这些优厚的待遇极大地增加了员工的幸福度，让员工为了成为"优秀员工"而更加努力工作，此在无形中也逐步提升了企业的效益。

万达集团人性化的管理，在让员工感到被关爱和重视的同时，也在无形中降低了员工离职率。在同行业的企业中，万达的员工离职率的确是最低的。

王健林表示，企业文化也要讲人文精神，讲人文关怀。纵观世界上一流的企业，其企业文化无一不透露着人文精神以及人文关怀。因而，要想成为一家卓越的企业，必须要"以人为本"，并展现企业的人文关怀和人文精神。那么，什么是人文关怀？什么又是人文精神呢？

王健林是从以下几个方面来理解企业的人文精神以及人文关怀的。

第一，可以让员工主动为公司做贡献。

从根本上讲，公司是一个社会性的组织，它不像"黑板经济学"中所说的那样仅仅是人们追逐利益的工具。事实上，公司满足了人们适应社会的需求，比如满足了人们与他人共处、共同获得信任与利益等多方面的需求。

诚然，企业作为一个社会性的组织，在很大程度上承担了创造物质财富的责任，但这并不是企业的全部内容。因为企业还将人们聚集在一起，让人们形成了更大的社会生产力，与此同时，还要担负起与环境共存共生的义务与责任，在信息、思想及信仰上，不断相互影响。一旦公司缺乏有助于员工施展能力、相互沟通与理解的人文环境，那么员工必然不会主动为企业的发展做出贡献。

第二，可以使员工成为联系客户与社会的桥梁。

创造客户价值是企业生存与发展的根本，那么，由谁来创造并发现这种客户需求呢？无疑是基层员工。

企业发展壮大的基础，就在于基层员工的工作效率。基层员工是公司联系客户以及社会的桥梁。倘若公司没有以人为本的文化理念，没有贴心的人文关怀，那么就会隔断员工与顾客以及社会的联系，这是不利于企业的长远发展的。

所以，企业要制定以人为本的文化理念，并对员工（尤其是基层员工）进行人文关怀，如此，员工才能成为联系客户与社会的桥梁，为企业的发展全力以赴。

第三，可以开发员工的创造力。

在实行现代化管理的今天，员工的创造力往往是一个企业能否得到快速发展的重要前提。当企业不仅仅站在利益的立场，而是以人性化的视角来对待员工时，员工的创造力才能得到最大程度的开发，这样才能使公司的价值得到最大程度的提升。

倘若员工处在一个冷冰冰的环境中，整日在公司中钩心斗角，还有什么精力去挖掘自己的创造力？因此，公司要为员工提供一个人性化的人文环境，这样不仅会让员工感到身心轻松，还能在无形中提高企业的核心价值，何乐而不为呢？

以人为本、打造人文环境、活性制度、极具激励性的优厚待遇，这一切使得万达集团在更大范围内吸纳着优秀人才，为企业的发展提供了源源不断的动力。

低调行事，简化关系

今日的万达集团，已经成长为年收入过千亿，集文化产业、商业地产、连锁百货、旅游投资、高级酒店等五大产业于一体的大型企业。可以说，万达集团高速发展的背后，是其低调而简单的企业文化在做坚实的后盾。

万达集团的发展无疑是高调的，但在高调背后，却蕴藏着低调的企业文化。王健林坦言："万达是一个做实事的企业，而不是一个炒作的企业。万达人会用低调的态度去做一些实实在在的事情。"

当万达集团的销售额超过百亿的时候，王健林依然像以往一样秉承着低调的态度，恪守着诚信初衷，实实在在地做事，没有高调地在中国房地产企业的业绩排行榜中炫耀自己取得的成就，也没有为万达集团在这一排行榜上谋求醒目的"席位"。正是由于万达集团低调的态度，才让老百姓看到了其踏实做事的决心，从而对其经营充满信心，并在无形中给予更大的支持。

2011年，万达集团决定联手中国足协闯荡足坛，但并没有如外界传言那样，将在人民大会堂举办签约仪式，也没有大手一甩扔出几十个亿来制造"万达集团是中国足球史上最大的赞助商"的噱头，其签约低调到令人无法想象，甚至不如任意一处"万达广场"的签约仪式盛大。

究其原因，一方面，与万达集团的企业文化有着很大的关系；另一方面，不论是高层领导、体育总局，还是王健林，都有一个共识，那就是中国足协与万达集团的签约只是一个艰难的开始，其前程未卜，并不适合高调登场。

是年年初，王健林受到高层领导的邀请，前去参加足球工作会，领导让其考虑一下"再战足坛"。当时，高层领导对王健林说："中国足球如今的状况十分糟糕，甚至已经影响到了人们的幸福感。"领导的这番话语，不仅让王健林感受到了其焦急的心情以及想要振奋中国足球的一片赤诚之心，更刺激了他对足球的热情以及作为商人的敏感嗅觉。

因此，王健林立即决定接受高层领导的建议。不过，由于中国足球处于谷底，不管是高层领导还是王健林，都觉得不能高调、张扬，要让人们看到中国足球奋发图强的情景。

万达集团宣传部原本打算按照以往的宣传手法，将签约仪式地址选在人民大会堂，场面也极尽恢弘。但此策划方案被王健林否决了，他告诫员工，这件事要做得低调一些，并尽量做到"无声无息"。不仅如此，在制作策划方案时，还要多与中国足协协商，尽量确保策划方案能够得到所有人的认可。

经过多方面的沟通，万达集团的宣传部门将签约仪式的地址选在了北京理工大学（在签约前，由万达集团全资赞助的"希望之星"赴欧留学选拔球员的比赛正是在北京理工大学进行）。虽然签约仪式十分简朴、低调，但不管是高层领导，还是万达集团，都十分重视此次签约。这从签约仪式的流程规格，以及出席签约仪式的领导级别均可看出。

万达集团的企业文化除了强调低调做事外，还提倡简单，即万达集团倡导"内部关系简单化"，不希望团队成员之间钩心斗角，把人际关系搞得过于复杂。

在很多企业，员工之间的关系十分复杂，不少人都是通过裙带关系进入公司的，这给企业的管理带来了很大不便。可以说，内部关系复杂化已经成为绝大多数企业的通病。在这种情况下，万达集团提出"内部关系简单化"的理念，自然得到了员工的认可。

其实，也有不少企业曾提出过"内部关系简单化"的理念，但都没有将这一文化理念实施到最后，不是因为没有得到员工的认可，就是仅限于口头说说。那么万达集团提出这一理念后，缘何迅速得到了员工的认可？

原因很简单，关键在于万达集团拥有健全的制度体系。企业内部关系简单化的基础其实就是健全的制度体系，是靠制度来管理员工，而不是靠人来管理员工。很多企业的管理一团糟，没有健全的制度体系，又谈何拥有简单化的内部关系呢？

从 2001 年至 2003 年，万达集团相继出台了多种管理制度，其中包括商业地产管理规范、行政人事管理制度、住宅房地产管理规范等，涵盖了企业运行中的所有方面，这些都成为万达集团治理企业的根据。

正是由于万达拥有如此健全的制度体系，才使得万达集团在提出"内部关系简单化"的理念后，很快就得到了所有员工的认可，从而让万达在此后的发展之路上更加顺畅。

"内部关系简单化"这一理念，不仅使得万达集团摆脱了困扰很多企业多年的难题，并在无形中提高了企业的管理效率，还让万达的员工养成了团队协作精神，令他们对企业的发展充满信心。

创新之路

综观万达集团的发展史，其中无不闪烁着"创新"的光彩。可以说，创新在万达取得的成就中起着不可替代的作用，而王健林也十分重视企业的创新能力，他认为，创新是企业获得长足发展的核心竞争力。

他曾对媒体表示："在我看来，企业的盈利能力以及创新能力是企业的核心竞争力。"从他的这句话中就可以看出其对企业创新能力的重视程度。

无论是在经营模式、产品营销上，还是在思想观念、管理方式上，万达集团自成立以来，始终重视创新能力，这使它创造了房地产行业无数个第一，一次又一次地开创了房地产行业的先河。

1989 年，万达集团在当时十分紊乱的房地产市场中异军突起，突破建房面积标准的限制，这在房地产市场中还是第一次，自然引起了人们的惊叹。不仅如此，万达集团还在室内设计中创新性地引入了明卫、明厅等新颖概念，这让外界对万达产生了更深刻的印象。

3 年后，万达集团再次推陈出新，率先推出欧式大厦和欧式住宅，这一创新性的举动更在房地产市场中掀起了一股"欧陆风"。

回顾万达集团一系列的创新举措，最具代表性的当属"订单地产"模式。这一模式从 2001 年开始探索到今天，已经创造了数次奇迹，其所取得的成就令业界为之惊叹——万达集团的"订单地产"模式不仅让其领先于房地产市场中的其他同行，还为其创造了可观的利润。

万达集团在全国独创的"订单地产"模式，令万达广场在每一个城市开业后，一概呈现出火爆的场面，获得人们的一致好评，此成为万达集团的一大竞争优势。

看到万达集团成功的商业模式后，众多专家都给予了认可，而且一致认为，万达集团的这种商业模式是不可复制的。

万达的这一模式，每到一个地方就能成为该地的繁华地区，并拉动该城市的经济发展和税收，相信也只有万达能做到；吸引国内外知名产业追随万达，并进驻万达广场，相信也只有万达能做到；到一个新地方后，先租后建，并保证满场开业，而且场面十分火爆，能做到这种程度的，相信也只有万达。

万达集团，不仅因为这一创新性的商业模式获得了中国政府的高度认可，还在国际上获得了高度评价。毫无疑问，这一商业模式是成功的。那么，这一创新模式，缘何会出现在万达集团呢？

第一，是"百年企业"这一企业理念的需求。

众所周知，万达集团如今的企业理念是"国际万达，百年企业"。万达要想成为一家百年企业，就必须有稳定的物质基础以及企业文化。企业文化，万达集团已经有了；稳定的物质基础，简单来说就是长期稳定的现金流，而万达集团之所以建立购物中心，其主要目的就是追求长期稳定的现金流。

经过讨论分析，万达集团的管理高层决定，以收租物业的方式来解决稳定现金流的问题。具体而言，一是做风险小且规模大的项目，二是"向世界500强收租"。根据这一理念，万达集团开始与沃尔玛合作，两家公司合作的第一个项目取得了成功，这也就促成了万达持续走这一模式。

第二，中国加入世界贸易组织后，激烈的竞争环境对企业提出了更高的要求。

中国传统零售行业主要存在以下两个不足：

首先，业态单一。加入世界贸易组织后，中国对全球开放零售行业，国际上流行的"一站式"业态开始进入中国，这对中国传统的零售行业造成了很大的冲击。基于这种情况，万达集团决定建立一站式购物中心，这便满足了人们的需求，也满足了市场对零售业的需求。

再者，单打独斗。中国传统零售行业基本上都是单打独斗，这不适用于中国零售行业之后的发展道路。沃尔玛、家乐福这些大牌企业之所以销售火爆，得到消费者的认可，主要是因为他们集中采购，天天进行平价销售。

其实，全球零售行业最大的流行趋势就是连锁经营，企业只有做到连锁经营，才能够集中进行采购，这样才能降低商品的价格，使企业具有竞争优势。

基于这种情况，万达集团才像这些连锁机构一样，每到一个新的地区，便建立一个万达广场，满足了人们衣食住行的需求，也因为万达的这一措施，它才在众多房地产同行中脱颖而出，成为备受人们信赖的企业。考虑到这些因素，万达集团才决定搞"订单地产"这一商业模式。

第三，"订单地产"模式可使用跨国企业的经营规律。

纵观世界上的大型跨国企业，它们的经营模式基本都是租店经营。例如美国著名的百胜集团，再如众所周知的餐饮企业肯德基和必胜客，它们在中国开设的店铺有 1000 家之多，但仅仅只买下了一家店，其他全部靠租。

而知名企业沃尔玛在世界上拥有近 5000 家店铺，但大多数都是靠租店的模式经营，只有不到 20% 的店铺有自己的产权。可以说，所有跨国的大型企业，除了制造行业，绝大多数企业都靠租店经营。看到这一特点后，万达集团着手做"订单地产"，让这些跨国企业租自己的店。

第四，市场空间比较大，可以做大企业。

美国的人口数量仅 2 亿多，却建设有 1 万多个购物中心。中国的人口有 13 亿之多，虽然人均收入与美国相比有一定的差距，但预计到 2020 年，中国的收入可以达到新加坡如今的水平，有 2

万个购物广场的建设空间。从这个角度来看，中国建设购物广场的空间非常大，而万达集团进入这个市场必然可以做大，这也符合了其做"百年企业"的企业理念。

此外，订单地产这个商业模式具有利国利民的特点——万达集团建设的万达广场不仅可以为当地提供更多的就业机会，还为当地的税收作出了巨大贡献。

不仅如此，万达每到一个新城市，其所建的大楼总能成为当地的标志性建筑，这既提升了城市的形象，也提升了城市的商业水准，对政府进行招商引资有很大的帮助，故此，政府对于万达集团建设购物中心都给予了很大的支持。

显而易见，万达集团"订单地产"这一创新性的商业模式不仅顺应了市场的需求，满足了人们对零售产业的需求，还为政府的业绩作出了巨大贡献，更重要的是，这一商业模式为万达集团创造了巨额的利润。

万达集团还有很多创新性的举措——万达是最早实施成片旧城改造的企业，也是最早实施跨区域发展策略的企业，等等，这一系列创新之举，使得万达集团逐渐成为国内的龙头企业，同时成就了万达的商业传奇。

以质量和品牌争势

万达集团以势如破竹之势发展到今天，与其"重视质量"的企业文化亦是密切相关。王健林认为，质量是企业的生命线，企业是通过质量向社会和客户传递它的责任以及关爱的。万达人具有强烈的质量意识，这种意识在万达成立之初就被根植于员工的心中。

20 世纪 90 年代初期，房地产市场在计划经济的影响下，还居于牛气十足的卖方市场，但那时，刚刚成立不久的万达集团便建立了严格的质量管理体系。

1991 年，万达开发的大连民政街楼的面积近 5 万平方米，全部被评为市优工程，其中 85% 的项目还被评为省优工程。由此便可看出万达集团对产品质量的重视程度。

王健林说，在万达，只有全优，没有合格。他知道，质量是企业的立身之本，如果企业不重视产品质量，认为企业的产品只要合格就可以，那么必然得不到长足的发展。

1992 年初，当首届全国质量万里行委员会的成员带着在全国各地打击假冒伪劣产品的辉煌战绩来到大连时，大连许多商家都有些担心，深怕矛头指向自己。而大连市的有关人员经过仔细研究，决定向该委员会推荐万达集团。

与此同时，大连市的工作人员还对万达集团说："不用太担心，你们在质量方面一向做得不错，只要认真做一些准备，相信就可以过关了。"不过，略有些淳朴的万达人有些不知所措，因为他们不知道自己应该准备什么，他们可以拍着良心承诺，不论是拿下项目，开发楼盘，还是管理企业，所做的一切都是有良心、有责任的。

最后，全国质量万里行委员会的检查结果既出乎人们的意料，又在意料之中——万达集团的所有工程都达到了全优。在意料之中的是，万达集团用心做出来的项目全部得到了委员会的认可；而出乎意料的是，万达集团做出来的项目竟然获得了全优。随后，全国质量万里行委员会成员庄重地向万达颁发了委员会成立后的首块质量奖牌。

这块质量奖牌，不仅表示万达集团的工程质量得到了委员会的认可，也让人们看到了中国企业在未来的希望以及实力。

在颁奖会上，王健林激动地讲了这样一段话："我对不重视产品质量的企业深恶痛绝，尤其是对不重视产品质量的房地产企业。因为老百姓辛辛苦苦积攒了一辈子钱，甚至举全家之力买了一套房子，但是，房子到手后，却发现买到的房子竟然质量低劣，如果留着这个房子，住着又不舒服，三天两头出问题；如果退掉，房地产商千方百计推卸责任，甚至会扒百姓一层皮，这让老百姓甚是痛苦。因此，企业一定要做好质量监控体系，让老百姓买得放心，用得舒心。"

企业要想发展壮大，就必须注重产品的质量。而对于工程的质量，王健林明确提出了企业的质量目标，即企业不要仅仅满足于自家的产品获得合格，还要想办法让自己的产品达到优良。

从1996年至今，万达集团全部产品的评级皆为优良，远超合格的标准。为了鼓励施工单位能够将产品项目做到全优，打造出多个精品项目，万达集团还专门设立了一些补贴，以弥补施工单位因实施全优工程而多付出的成本（虽然政府也会针对施工单位实施的全优工程给予一些补贴，但这些补贴远远不够施工队付出的成本），这极大地激发了施工单位研发全优项目的积极性，也为万达集团打造全优项目做好了铺垫。

万达集团秉承着"只有全优，没有合格"的企业理念，打造出了一个个全优项目，在赢得了消费者对万达信任的同时，更使得其自身一步步地走向巅峰，成为了房地产行业的龙头企业。

2011年9月23日，在河北省会城市石家庄，裕华万达广场正式开业了。裕华万达广场的建立，使得石家庄市的商业格局发生了巨大的变化——城市中心开始围绕裕华万达广场这个商业圈建立起来。也就是说，裕华万达广场令石家庄的城市中心发生了偏移，并让裕华万达广场的商业圈火了起来。

其实，这一情况并不仅仅发生在石家庄地区。在全国，仅2011年，万达集团就建立了16个万达广场。截至2011年底，全国已经建成了59个万达广场。每在一个城市建立一个万达广场，这个万达广场就会成为其所在城市的商业中心，并使得该城市的商业圈发生偏移。更直白点说，一个城市只要有万达广场，其周边必然异常火爆。那么，为什么会出现这种现象呢？

王健林表示，主要是因为万达集团在品牌管理方面做得十分到位。万达集团建立了自己的品牌，它与全球1000多家优秀企业建立了良好的合作关系，每在一个城市建设万达广场，万达集团就可以从众多的合作企业中挑选优秀的商家，并让其进驻新建立的万达广场中，这就拥有了很强的品牌管理优势。

要知道，企业也是需要进行品牌管理的，只有这方面做得好，企业的信誉度才能建立起来，并得到广大消费者的信赖和认可，企业才能在市场中占有一席之地。

企业品牌权威专家托马斯·克罗姆比·谢林曾说："企业如果没有建立自己的品牌，就等于是没有灵魂，而企业如果没有做好品牌管理，企业就相当于是失去了生命力。"所以，企业的领导者一定要充分重视品牌管理，并做好企业管理。那么，如何来做呢？

在王健林看来，要想做好企业的品牌管理，领导者就应该做到以下四点：

第一，企业要规划以核心价值为中心的品牌产品。

要想做到这一点，企业首先要充分研究所面对的目标消费群体、竞争对手、市场环境，对品牌进行全面而科学的调研以及诊断，这样才能为企业的品牌管理提供准确而翔实的信息。

其次，企业要在对品牌有了基本的诊断与调研的基础上，提炼企业的核心品牌价值。所谓核心品牌价值，一定要清晰明确，而且拥有较强的包容性，容易让消费者感知，并且可以打动消费者。

再次，以核心价值为中心来规划品牌识别系统，使品牌识别与企业的营销系统结合起来，并以品牌识别来管理企业的营销活动，使得企业的营销活动能传达企业的品牌价值，确保企业的营销收入为企业品牌加分，于无形中提高企业的品牌价值。

第二，企业要优化选择品牌架构以及品牌化战略。

品牌化战略是一项十分重要的工作。在单一产品的格局下，企业的营销活动是围绕着同一品牌的产品进行的；当企业的产品种类增多后，将会面临以下几个问题：在此后的发展中，企业究竟是沿用原有的品牌来进行品牌延伸，还是遗弃原有的品牌采用新品牌来进行品牌延伸？倘若企业采用新品牌来进行品牌延伸，那么如何处理原有品牌与新品牌之间的关系？——品牌架构以及品牌化战略，可以让企业恰到好处地解决这些问题。

万达集团在研究了企业的文化、规模、产品特点、消费者心理、品牌推广能力等因素后，在自己的新产品方面，有的沿用了原有的品牌，比如万达商业地产、万达酒店等，有的则用了新品牌来进行品牌延伸，比如万达集团旗下的百货公司。万达集团在选择品牌架构以及品牌化战略方面作出了正确的选择，使得它在品牌管理方面做得更到位，从而在无形中为企业增加了利润。

第三，企业要进行理性的品牌延伸扩张。

企业之所以建立强大的品牌，进行品牌管理，其主要目的是为了获得不菲的利润。由于无形的资产是不需要企业付出成本的，所以企业要学会利用自己的智慧来重复利用企业的无形资产，并以此来进行理性的品牌延伸扩张。

万达集团就在品牌延伸的环节做了科学、具有前瞻性的规划：万达集团提炼出了企业文化中具有包容性的品牌核心价值，并抓住有利时机，进行了企业品牌延伸，成功地推广了新产品。

第四，企业要学会科学地管理品牌资产。

企业应懂得品牌的重要性，要加强品牌建设，打造拥有核心价值、高知名度、高价值感、丰富的品牌联想、高品牌忠诚度等特点，这样才能做好品牌管理，累积企业的品牌资产。

万达集团因为做到了上述四点，才能在品牌管理方面做得十分到位，并领跑商业地产，称其为行业中的翘楚，相信是恰如其分的。

细节决定成败

如何才能在市场竞争中取胜？这是每一个企业管理者都需要面对的问题。而在如今繁荣的商业时代，企业之间的竞争已经发展为细节上的竞争。所以，企业管理者在经营企业时只有注重细节，在细节上追求完美，才能提高企业的核心竞争力，才能保证企业的持续发展。

谈及过去经营的某些失误，王健林反思：一是用人失误，二是管理不善。而这都是因为不注重细节所导致的。今日的王健林，很注重细节管理。他在商界掀起的风云让很多人看不明白，所做的很多事情也令人匪夷所思。从曾经的住宅区开发到如今的商业地产行业，王健林都不理会行业的规则，人们不得不承认，正是他这些"背离标准"的行为，才造就了他的成功。对于自己的传奇经历，王健林曾这样表示："我是一个完美主义者。"

在过去，王健林创造了一个又一个奇迹，这些奇迹是他自己通过创新研究出来的。可以说，他的创新来自对细节的研究，来自于对细节完美追求的态度。很多人都认为他的成功，不仅是因为他选择了利润最大的行业，还因为他是一个营销天才。

但是，真正了解王健林的人，都知道其实他只是在经营企业的过程中极为注重细节上的完美而已。换句话说，王健林带领万达取得的成功，与他事事追求完美的态度密不可分。

王健林在市场调研中很注重细节，这源自于他在房管局做过调查的经历。做调查工作的人往往吃苦耐劳、不怕繁琐，而王健林在做项目开发之前，也无数次地跑市场、做调查。这样注重细节的人，做企业时又怎会有差池呢？

同时，王健林总是能持之以恒地关注消费者的需求，并带领万达员工做好每一件利于消费者的事情。

万达内部实行军事化管理，而且严格程度远近闻名，将王健林对细节的追求体现得淋漓尽致。

万达对员工着装有着明确的要求，比如春夏季，各部室、各系统总部的男员工，要求穿长袖浅色衬衣、深色西裤、深色皮鞋、不系领带；女员工则要求穿浅色有袖衬衣、西裤、皮鞋，不得穿低胸衫、网眼丝袜和露趾鞋，如果穿裙装，还要求必须同时穿肉色或黑色长筒丝袜，如果裙边在膝盖以上，裙边则必须距离膝盖不得多于 10 厘米。一旦违反公司规定，不仅当事人要承担 200 元的罚款，连部门领导也在劫难逃，同样扣除 200 元。

万达规定，在办公区域内严禁吸烟，违反此规定者一律罚款 500 元。这一举措，受到女员工的热烈欢迎。万达没有虚设的规定，对任何规定坚决贯彻执行，如有违反，绝不姑息。在如今的管理中，王健林要求员工做任何事都要在细节上追求完美。

任人唯亲是众多公司中普遍存在的问题，但是在万达，王健林不允许这样的情况发生。万达实行亲属回避制度，而且不分等级，一律执行，就算是王健林本人也不例外。王健林曾这样评价万达制度："万达制度的最大特点是能用，好操作，所有制度为有用而设，不搞形式主义。"王健林对万达制度的制定一丝不苟，他十分清楚良好的制度对企业运转有重要意义，他不放过任何一个细节，力求在各个方面做到完美。

比如，万达在一个地方进行项目开发前，需要搞清楚 50 个问题，包括土地是否达到"七通一平"、当地人工成本如何、建设成本如何、地下是否存在障碍物、地块内配套是否齐全等。对于列出来的各个问题，必须用翔实的数字来作答，一语带过或者含糊其辞不行。所规定的 50 个问题有了准确的答案，这个项目的情况就基本摸清楚了，也就直接决定着下一步是继续还是就此打住。

多数企业的规章制度是来约束员工的，但在万达，对于建筑也有规定。按照一般情况，地下停车场的高度为 3.6 米，而万达白纸黑字规定：万达广场的停车场必须设计为 4.8 米，如此一来，万达的停车场尤为敞亮。王健林知道，一个企业的优劣，既要看大的发展，也要着眼于细微之处，这是一个企业的素养。

万达不断开疆辟土，企业规模日益壮大，反观公司的制度，却与自身规模呈反比，企业在扩大，制度却在减少。2012 年，万达制度罗列完毕后有 92 万字，到了 2014 年却仅剩下 52 万字，这不禁让人有些奇怪。

万达制度每两年修订一次，这是公司的传统。每次修订，都要求去粗取精，不断精简，留下最为关键的内容，同时又不断添加新的内容来适应公司的发展。至于为何是两年为期，也是有讲究的，一年一次太过频繁，会增添大量工作，三年一次间隔又太长，会影响制度的时效性，所以最终决定每两年一次。这就是万达，每个地方都透着严谨和细致。

作为万达的灵魂人物，王健林对自己的要求也极其严格，即便身处一把手的位置，他依然同普通上班族一样，早早来到公司开始一天的工作。甚至，比起其他员工，他到得更早。无论拥有怎样的财富、怎样的地位，他依旧是原来的自己，是一个十足的工作狂。对自己要求严格，也为员工做出了表率。

他常说的一句话是"经营管理要深入细节"，他也将这一点贯彻得十分彻底。试问万达上下，有谁不认识他？但即便如此，王健林也会遵从公司规定，同其他员工一样佩戴胸牌上班，从不搞特殊化。纵观众多企业，又有哪一家企业的老总可以做到这一点呢？

近年来，万达所取得的成就有目共睹，在行业内独领风骚。凭借开阔的视野和超前的预判力，王健林所采取的每一次重大行动都屡屡成功，加上万达上下超强的执行力，使得万达成为企业标兵。这一切，自然都得益于王健林注重细节的管理理念。

得人心者得天下

人文精神，着眼未来

关于企业文化，无论是对企业管理讲得头头是道的专家，还是重于实践的企业领导人，都无法否认它的重要性。企业文化权威专家沙因这样定义企业文化："企业文化是一个公司或者说一个组织在解决外在适应性与内部整合问题时的基本假定，如果它们运作得好，就被视为有效，传给组织成员，并教授其遇到棘手问题时，如何去思考，如何去解决的正确做法。"

而王健林是这样定义企业文化的："企业文化也被称为组织文化，它是一家公司由自身的价值观、处事方式、信念等组成的其独有的文化形象。"他还说，企业文化是企业的核心价值观、管理体系、业务流程、改革能力的具体象征，企业在不同阶段，其企业文化会发生一些变化。万达集团从创立之初发展到今天，其企业文化就经历了几个阶段的变化：

第一个阶段，是公司从创立之初（1988 年）到 1997 年。

在这段时间，万达集团的企业文化的重心是诚信经营。诚信经营是自始至终贯穿于万达文化的一个精髓。而王健林不止一次对员工讲"子贡问政"的故事：

一天，子贡向孔子请教如何治国，孔子这样回答道："足兵、足食，民信。"子贡想了一下，接着问道："不得已而去之，何者为先？"孔子回答说："去兵。"子贡再问："再不得已而去之，何者为先？"孔子回答说："去食。"最后留下了民信。这里所说的民信，就是指对百姓要讲诚信。

王健林说，2000 多年前，孔子便如此重视诚信，如今企业的竞争越加激烈，企业要想在激烈的竞争中站稳脚跟，就必须重视诚信，唯有此，才能得到消费者的认可。

王健林先后在万达集团内部提出一系列关于诚信经营的口号，比如，"老实做人，精明做事……让一切工作成为精品""诚信就是先付出，并比别人要担负更多的责任"，等等。

第二阶段是从 1998~2004 年。

在这段时间里，万达集团企业文化的重心是承担社会责任。1998 年初，万达集团决定走大规模跨区域发展的道路，这是其发展历史中的一个重要决定，同时也是其发展史上的一个标志性事件。因为自此之后，万达集团开始从东北临海城市（大连）走向全中国，成为寥寥无几的全国性房地产企业之一。

也因为这一跨区域的战略性策略，万达集团的实力开始以惊人的速度成倍增长。是时，王健林提出了这样一个理念："共创财富，公益社会"。也就是说，万达集团在快速发展自己的企业之余，也要回报社会，主动承担一些社会责任。其中，包括一些慈善捐款。

王健林说，企业的捐款额要与自身的规模相符合，规模越大，相对应的捐款额也要越大。此后，万达集团每年都将慈善捐款作为一种对社会的责任，而且其捐款额也随着企业规模的扩大而逐年递增。不仅如此，万达集团所承担的社会责任除了慈善捐款外，还包括保护环境、关爱员工、诚实纳税等内容。这些共同组成了万达的社会责任体系。之后，虽然万达的核心理念发生了一些变化，但是，万达并没有忽视自己应该承担的社会责任，依旧把慈善捐助作为自己不可推卸的社会责任。

第三阶段是从 2005 年至今。

在这一时间段里，万达集团企业文化的中心是"追求卓越"。2005 年，万达集团的资产超过了 100 亿元人民币，其年收入也将近 100 亿元，此时的万达集团已经成为国内知名的房地产企业。

其时，王健林的一些朋友（其中有很多企业的老板）都对他说："你现在赚的钱也够多了，企业办得那么成功，就别那么拼了，该潇洒'走一回'了。"其实，当时的不少企业老板都认为赚钱之后就该潇洒地享受，这也是中国很多民营企业家在创办企业时所遇到的"天花板现象"。

但王健林认为这种思想不正确。他和温州市的市委书记进行了深入交流，市委书记对他说："在江浙一代，不乏一些千万富翁，甚至拥有几亿、几十亿资产的企业家也有不少，但是，拥有几百亿资产的企业家却寥寥无几。而之所以出现这种状况，就是因为企业家将累积财富作为发展企业的终极目标，当自己的财富积累到一定程度，比如几千万、几亿或者几十亿后，他们便满足于自己目前所拥有的财富，开始追求个人享受，失去奋斗的动力了。当然，追求个人享受并不能说绝对是错的，但却不高尚，而这也正是很多企业成不了大规模的主要原因。"

王健林听罢，茅塞顿开，他开始研究企业在之后应该走的路线和方向。经过与万达集团的其他决策层讨论后，他提出了"国际万达，百年企业"的口号，并表示万达集团要走国际化道路，向世界上首屈一指的房地产企业学习。

王健林所说的"国际万达"，主要包括三点，即企业文化、企业管理、企业规模。首先，企业的文化要达到国际水平，不能止步于国内知名企业这一层面；其次，企业管理也要达到国际水平，因为企业的管理如果不到位，企业是无法发展壮大的；最后是企业规模要达到国际水平，企业不能满足于自己所取得的成就，不能觉得自己企业的年收入已经近100亿元了，就称得上国际水平了，其实，这离国际先进企业还差得很远。

所以，企业应该继续努力，争取做真正的国际化企业。

"百年企业"主要包括两点：第一点是追求基业常青。有员工问，如何理解基业常青？王健林解释道，在国际上，短寿企业一般指的是存在10年以下的企业，中寿企业指的是存在10年到30年的企业，长寿企业指的是存在30年以上的企业，万达的目标则是成就百年企业，让万达成为名副其实的长寿企业，将辉煌延续下去，做一棵常青树。

第二点是追求长远利益。万达集团如果想成为百年企业，成为企业中的"常青树"，就应该将目光放长远，不能只看到眼前的利益而忽视长远利益。万达集团正是按照这个要求做的，不管是投资旅游产业，还是文化产业和商业地产，其走的都是追求长期稳定现金流的路线。

毋庸置疑，在万达集团还没有成为世界一流企业之前，这个目标会一直伴随着它。也正因为万达集团在关键时刻作出了正确的决定，形成了追求卓越的企业文化理念，并树立了成为国际化先进企业的远大理想，才成就了今天的辉煌。相信万达在这一文化理念的引导下，未来的事业之路必然会越走越宽广。

从万达集团企业文化的发展史可以看出，其能取得今天的成就并非一蹴而就，它经历了很多的波折和变化，而随着万达集团的不断发展，其企业文化之树也会不断地茁壮成长。

做"傻事"，赢口碑

随着商业地产的繁荣，国内的很多投资商开始从住宅地产转到了商业地产上，而这一转变的背后，隐藏的是商业地产高层管理人员的"人才荒"。

万达集团在商业地产上取得了不俗的业绩，其人才数量令业界的其他企业万分羡慕，再加上万达集团出于对人才的需求建立了专门培育人才的"万达学院"，这样一来，就导致很多企业都想在万达集团的人才库中分一杯羹，导致的结果是：万达集团的高层管理者仅在2011年便被其他企业挖走了十多人。

面对众多人才被挖走的现实，不少人为万达集团的前途担忧，觉得其发展会因人才的流失而受到一定影响。对此，王健林表示，虽然万达集团的人才被挖走了，但万达集团不会因此而受到任何影响，因为万达集团已经建立了强势的品牌，这一品牌是别人永远也挖不走的。

随着经济全球化的推进，很多企业都走出了国门，其产品在推向世界市场的同时，企业管理者们也都意识到了一个问题——企业不能仅仅卖自己的产品，更要卖自己的品牌。因为品牌是企业的核心竞争力，只有品牌过硬，产品才有可能得到消费者的认可。

王健林十分重视企业的品牌。他认为，如今已经进入品牌竞争的时代，品牌已经成为这个时代的鲜明特征。企业没有创建自己的品牌是很危险的，没有品牌的竞争也是无力的，无法在与竞争对手的博弈中取胜。而只有树立了自己的品牌，才有机会与竞争对手一决雌雄。

王健林说，万达集团创建品牌的过程有一些独特，因为其品牌是靠"做傻事"换来的。这要从三个小故事说起。

第一个故事：20 世纪 90 年代，万达集团在大连拿下一个名叫民政街小区的项目，万达集团十分重视该项目。那时，国家对居民住房的质量标准有 5 个，包括国优、省优、市优、优良、合格，而万达集团决定将这个项目做到市优标准以上。

是时，万达集团已经和 4 家施工单位进行了交涉，可并没有达成协议，因为这 4 家施工单位都不同意做到市优标准以上，只同意做到合格的标准。

王健林觉得这十分奇怪，问他们原因，他们对王健林说："国家规定，市优标准只给 1 平方米 2 元的奖励，而省优标准只给 1 平方米 4 元的奖励。但是，慢工出细活。如果真正将项目做到市优标准，其所增加的成本是 1 平方米 10 元，而将项目做到省优标准，所增加的成本就是 1 平方米 20 元。"

　　王健林听到这里，立即决定打破这一规定，将市优标准给的奖励提高到 1 平方米 10 元，而将省优标准的奖励提高到 1 平方米 20 元。可是，当他将这一决定告诉省委后，省委的有关负责人说，这样做违反了国家规定，王健林却说："我们做的是好事，我们是按照自己的规定，自己给施工单位增加 1 平方米 10 元、1 平方米 20 元，这又有什么关系呢？"最后，经过协商，省委也认可了王健林这种自己贴钱的"傻帽"行为。

　　这 4 家施工单位得知王健林自己贴钱给奖励后，纷纷表示会将项目做到市优标准以上。由于这 4 家施工单位在做工程时十分认真，所以当项目做完后出现了这样的情况：50% 的大楼达到了市优的标准，50% 的大楼达到了省优的标准，还有两栋楼被辽宁省评为了 1991 年的样板工程。

　　做这个项目，万达集团的成本增加了不少，王健林也因此受到了别人的白眼，更被别人说成是"傻子"，做的是"傻事"。但不能否认的是，这一行为换来了令王健林欣慰的回报：不仅万达集团的品牌被众人认可了，万达集团贴钱做的项目还换来了中国第一个全优质量小区的名号。当外界听闻了这些，那些曾经言辞不当之人，唯有给王健林竖起大拇指。

　　第二个故事：还是 20 世纪 90 年代，当时整个房地产行业建的楼房质量都不好，房子经常发生漏水现象。房子一旦销售出去，如果消费者对买的房子不满意，想要退房，房地产商根本不买账。不仅如此，很多房地产商还在出售房屋时，在面积上"缺斤短两"，这使得消费者对房地产公司的印象极差。

　　而在这时，万达集团对消费者做出了三项承诺：

　　第一，万达集团在对消费者出售房屋时，保证不缺斤短两。

消费者一经发现自己在万达集团购买的房子存在此种情况，可以向万达集团索要 3 万元的赔款。

第二，万达集团保证自己的住宅不会发生漏水，消费者一旦发现此现象，也可以向万达集团索要 3 万元的赔款。

第三，如果消费者在买了房子后，对房子不满意想要退换，可以在竣工收钥匙的 60 天内作出判断。只要在这个时间段内，消费者可以随意退换。

王健林的这三项承诺提出后，在房地产行业里掀起了轩然大波。很多房地产商都说王健林想出风头，因为仅仅保证住宅工程不漏水这一项就很难做到。当时，住宅工程如果做一层防护措施的话，根本无法保证房子不漏水，要想止住漏水，必须在系统层面采取一些措施，并加一些防护工程，而这样一来，住宅工程的成本就大大增加了，加之即便如此，也并不能保证房屋绝对不漏水。

在这种情况下，王健林仍孤注一掷，打定主意要提高房屋的质量。他在房屋建造方面做了很多改进，虽然每年依然会有几户会因漏水而索要赔款，但在这三项承诺提出后，消费者对万达集团的品牌产生了极大的信任感，其房屋销售速度也因此得到了极大的提高。

更让王健林激动的是，建设部和中国消费者协会等六部委于 2000 年 6 月在人民大会堂召开了一次千人大会，参加这次大会的有 1000 多家房地产公司。在会上，建设部的发言人专门表扬了万达集团的行为，并对王健林对消费者作出的承诺给予赞赏。

此时外界才发现，王健林的这三项承诺虽然让万达集团建房的成本更高了，但却赢得了越来越多的消费者对万达集团品牌的认可，而万达集团得以在人民大会堂这个庄重的场合、在 1000 多家企业面前得到建设部的称赞，同样是"有价值的品牌"的功劳。

第三个故事：2003 年，万达集团在沈阳开发了第一个商业地产，由于万达集团在商业地产方面欠缺经验，所以在设计方面出现了很大的失误。在第一批商业地产中，万达集团共销售出 300 多个商户中心，可消费者发现自己买下的商户中心的回报率极低，只有 1% ~ 2%，这让他们对万达极为不满。随即，来自消费者的投诉、起诉纷至沓来。

其后，经过了市院、省院两级人民法院的一审和二审，万达集团为胜诉方，但万达集团对这些商户心怀歉意，故此集合所有的高层决策者商量是否要对这 300 多个消费者负责。

当时，万达集团中有一些高层决策者认为，公司在设计上的确出现了一些失误，但既然法院已经判了公司胜诉，就没有必要再对消费者进行赔偿。再者说，如果真的进行赔偿，300 多户商家，会耗费一大笔资金。

不过，还有一些高层决策者认为，从"法"的角度来看，万达集团不需要对消费者进行赔偿，但从"情"的角度思考，万达集团有责任和义务为消费者的损失埋单，毕竟这个失误是万达集团造成的。一时间，两方观点交织在一起，莫衷一是。最后，王健林拍板，决定对消费者的损失进行赔偿。

王健林说，他做这个决定是经过慎重思考的，虽然他明知赔偿的话，可能会支出数亿元，他更知道，这样一来，会有很多人在背后说他做"傻事"，然而，如果万达集团在今后想把商业地产作为自己的核心产品的话，那么眼下支付的这些钱都是值得的，否则，这一失误将会成为万达集团永远也抚不平的伤痕。最后，万达集团为消费者退掉了 300 多户商业中心。

当时，万达集团卖出这些商业中心仅得到了 6.1 亿元，可退掉时却花掉了 10 多亿元。如此计算，万达集团因为"退货"而损失了大概 4 亿元。除去这些损失，万达集团还花费了近 6 亿元重建此商业地产。

代价如此巨大，万达集团却因此而得到了消费者的信赖。与此同时，万达的品牌也得到了消费者的认可。从这个角度看，王健林的举措的确十分明智。

三个故事，反映出的是 20 世纪 90 年代之后的王健林，做了很多"赔钱的买卖"，甚至说是"傻事"，可也正是这些"傻事"，为万达集团赢得了诚信之名，这便是"万达精神"。

诚信铸就品牌

万达十分注重诚信，王健林也笃信"人无诚信不立，业无诚信不兴，社会无诚信不稳"。在他看来，不管是个人还是企业，都必须将诚信摆在首位。

正因如此，很多消费者对万达的产品十分信赖，并因为信任万达而购买其产品，以致万达建立起了自己的品牌。因而可以说，万达是用诚信铸就了自身的品牌。

万达自创立以来，就一直坚持着诚信做事的理念，即使在房地产市场完全是卖方市场的时候，万达也没有抛弃这一理念。在房地产市场对销售面积没有严格要求的情况下，虽然很多房地产公司将实际面积仅有 50 多平方米的房子当作 60 平方米的房子来出售，但万达却严格按照设计图纸上的实际面积卖房。由此，万达逐渐树立起了自己的品牌。

万达讲究诚信还体现在另一方面：如果万达在合同上表明交房日期，那么它绝对会在这个日期之前交房，不会发生拖延行为。截至2005年，万达已经开发了几百个楼盘，其开发面积达到了1000万平方米，从来没有发生过一次延迟交房的事情。

万达讲究诚信的形象，开始在行业内建立起来，很多公司也都愿意与之合作，因为很有保障，从来不用担心会发生因延期交房而产生违约现象。

万达创立之初，对企业的无形资产并无明确的概念，但在王健林的领导下，万达无意识地形成了以诚信为核心的价值观念。

2003年，万达聘请新加坡华新世纪公司，想让这家公司整理并提升一下万达的企业文化。在整理时，新加坡华新世纪公司对万达的部门经理以上的人进行了访谈，发现绝大多数人将诚信作为了企业核心价值观。这也反映出，诚信在万达人的心中已经根深蒂固，这也是万达塑造其强势品牌的关键所在。

2004年10月末，在人民大会堂，中国信誉论坛组委会召开了新闻发布会，并在会上宣布第四届中国信誉论坛将于12月在大连举行。该论坛的宗旨是提高人们的诚信意识，促进企业建立诚信体系，此为促进市场建立信誉机制做出了不小的贡献。

万达是中国信誉联盟的倡议者和发起者，它将各行各业中重视诚信的先进企业组织起来，推动了中国企业的诚信建设，为规范市场经济秩序以及建立质量信誉体系起到了牵引作用。

在此次大会上，王健林说，万达将会传承中华民族的优秀文化，将诚信精神发扬下去。他还表示，万达自成立以来，就始终将诚信作为企业核心价值观。正是因为万达重视诚信，才得到了人们的信赖。

与此同时，万达的强势品牌也因此建立了起来。中国消费者协会、国家工商总局将万达评选为首批国家级的诚信企业；辽宁省银行同业协会将万达评选为辽宁省首批最佳信用客户；大连市地税、国税局则将万达评为首批诚信纳税 A 级企业。

万达自创建以来开发的项目，其空置率几乎为零，大多数房子都是一经开发，很快就被抢购一空。而之所以会发生这种现象，即是因为万达的品牌已是诚信的代名词。

王健林说，企业要想得到人们的认可，并铸造出强势的品牌，就必须坚持诚信经营。倘若企业在发展中不坚持这一理念，在经营过程中蒙骗消费者，注定会一败涂地。

很多企业家在带领企业发展的过程中往往会产生很多困惑：为什么自己的企业做不大？为什么自己的企业在后续发展中感觉乏力？

在王健林眼里，这与一个企业家是否具有品牌意识有很大的关系，而品牌意识又关乎到一个企业是否具有前瞻性的发展战略。

不少企业本来有着很好的发展潜力，在企业管理上也做得很好，就是因为没有意识到品牌塑造的重要性，或者说没有重视企业的品牌塑造，从而导致企业在发展中走了不少冤枉路，甚至导致企业以破产告终。

品牌塑造，是给品牌定位，并为品牌定位付诸行动的过程。王健林告诫同行和其他领域的企业家，品牌塑造是一个长期的工程，绝不是一朝一夕能完成的，做品牌不能着急，要稳扎稳打。

在王健林看来，品牌就是企业的竞争力。一个企业，如果打造不出属于自己的品牌，就谈不上什么竞争力。而在现实中，很多企业就是因为没有强大的品牌竞争力，才导致其产品无法与竞争对手相匹敌，其市场价格无法得到提升，竞争力降低，最终被市场淘汰出局。

王健林说，随着房地产市场的逐步健全，房地产企业要学会打造具有国际影响力的民族品牌，这就要求房地产公司首先建立起强大的品牌意识。万达在经营过程中，对此极为看重。

比如，万达以"万达广场"命名的城市综合体，对消费者的需求十分上心，虽然万达广场在管理方面有一定的缺陷和不足，但面对消费者日益变化的需要，万达广场不断地改变自己的营销策略，这让万达广场的品牌意识逐渐成熟。

正是因为万达丰富的文化内涵以及品牌意识的建立，才让消费者脑海中有了"万达集团是一个有内涵、具有高品位的企业"的印象。这让万达在之后的经营中少走了不少弯路。

王健林通过分析国内外企业失败的经历，总结出了导致企业失败的六大原因：

第一，很多企业由于缺乏长远的发展规划，在战略实施过程中，不断地改变战略，从而使得自身的品牌竞争力不断下降。

尤其是那些缺乏明确战略规划的企业，再加之无法适应市场经济的变化，只能被市场经济的大潮吞没。

据埃森哲调查问卷显示，有将近1/8的企业家认为中国企业的"战略目标不清晰"——中国的许多企业在制定战略时，过于关注营业额或利润等，从而忽视了战略定位和实现战略目标的措施，致使企业无法建立强大的品牌，而没有强势的品牌作为企业的竞争力，企业自然无法发展壮大。

第二，不少企业盲目地追逐市场热点，在实施战略的过程中，投资过度多元化，这同样是导致企业失败的一大原因。

第三，不少企业家在做战略决策时过于随意，缺乏科学的决策机制，从而导致企业投资失败。据埃森哲调查问卷显示，31.8%的企业家认为导致企业破产的原因是企业在实施战略前，没有对战略决策进行评估，盲目地进行投资，从而导致投资失利，企业的资金链断裂。

第四，投资前，对市场竞争环境的认识有失偏颇，缺乏正确的客观分析，这也是导致企业无法发展壮大的一大原因。这在房地产行业表现得较为明显，具体表现为：不少人过于热衷房地产行业，手中的资金一多，没有对市场进行分析，便将其投资到房地产行业了。

第五，一些企业的战略计划过于形式，可操作性不强。据埃森哲调查问卷显示，11.4%的企业家认为战略实施计划不具可操作性，使得员工不能顺利落实战略计划，这也是导致投资失败的一大因素。

第六，一些企业的战略计划虽然切实可行，事前也经过了科学、客观的分析，但没有取得中高层管理者的支持，这也是导致战略实施失败的一大原因。

在王健林看来，在做品牌的过程中，一定不能急躁，要稳扎稳打，建立强大的品牌意识，这样企业的品牌才能立足于市场，并在激烈的市场竞争中占据一席之地。

企业经营是没有终点的马拉松，企业管理者只有在经营企业的过程中不断提高自己各方面的能力，才能带领企业在如今竞争激烈的市场环境下走得更远。

立使命，共卓越

每个管理者都希望自己的企业能长盛不衰、基业长青，这就要求企业管理者必须具备发现人才的眼光——人才是支撑企业不断得以发展的关键力量。

虽然每个企业管理者都明白这一点，但是企业与企业之间在发展过程中却存在很大的差异，随着这种差异不断拉大，企业之间的竞争优势就会明显地凸现出来——那些不知道何时选拔人才、怎么样录用人才的企业，往往会成为经济发展道路上的牺牲品；那些能掌握人才资源，让人才发挥出更多潜能的企业，则成了市场竞争中的常胜将军。

王健林说："所有有理想、有抱负的企业，在其发展过程中都有相同的特性——企业有很多人才。这些人才被合理分配到适合他们发展的岗位上，他们能与公司其他部门的成员相互支持、帮助，通力协作，配合默契。公司各部门之间如果没有团队合作的精神，而是仅靠一个人单薄的力量，想达到预期的工作效果会比登天还难。只有充分发挥团队协作的精神，通过集体的力量，才能使工作完成得更加出色，才更有利于企业的发展。"

王健林凭借自己的不懈努力，从一个退伍军人成长为叱咤风云的商界名人，取得了令人瞩目的成就，其靠的就是良好的处事经商哲学，以及"伯乐般"的慧眼，他懂得知人善任，让员工真正融入企业中，以团队的力量为企业创造价值。

在创业初期，王健林选用了一些对企业发展有价值的人才，他们大多对企业忠心耿耿，能和企业一起成长、发展，并及时对企业发展过程中存在的问题提出自己的意见和建议，这些人才组成的团队是万达发展的基础。而王健林对这些人才也非常用心栽培，宁可自己的利益受损也不会让他们吃亏。

在企业的发展过程中，王健林一直把培养人才、打造企业团队作为大事来抓——人才和团队是企业发展的根本，每当有员工提出辞职时，王健林会耐心听完他们的诉说，与他们沟通，若听说员工是因为工资待遇而提出辞职时，他会用心和员工交流，适当提高他们的工资待遇，往往，这种做法会让员工因受到感动而决定继续留在公司，为公司发展做出贡献。

在王健林看来，如果某些人才在企业内遇到困惑，企业管理层要从企业发展的大局出发和他们耐心地沟通，充分听取他们的意见和遇到的困惑，努力解决他们在工作或生活中的苦恼，这样会极大地提升他们的工作积极性，使他们对企业更加忠诚，从而使企业拥有更有能量的团队，令企业看上去活力四射。

而当企业发展随着时间的流逝不断壮大之后，新的问题会随之出现——此前栽培的人才中，某些人已经发展到瓶颈，他们在工作中缺少创新精神，其业务水平不能及时得到更新。此时，王健林会顾全公司发展大局，及时对这些人进行岗位调整，把他们分配到适合他们发展、同时也与企业发展大局相适应的岗位上。

王健林在公司中以公开竞争的方法，选用一些具有实干精神并兼具创新才能的人才，将他们安置在重要的岗位上。王健林觉得，这些人具有很强的可塑性，业务方面的专业性很强，能从企业发展大局出发，不断开发一些符合市场的新产品，这会为企业发展带来新的动力。

当然，被调整到其他位置的瓶颈人才，一样不会被王健林忽视，因为他们工作经验丰富、熟悉公司的业务流程，缺少的只是一种勇于开拓的精神。而进行岗位调整，等于为他们提供了更可能激发潜能的环境。

王健林具有能准确把握人才、善用人才的能力，他认为企业管理者必须具备发现人才的眼光，毕竟企业的发展需要人才的支撑。

谈及企业发展，除了要有独到的眼光，还要有坚强的意志，以带领企业发展下去，这也是让企业持续登高的助力。

意志坚强的企业管理者，在推行一项新业务时，会站在市场的角度仔细考量，如果发现该业务有巨大的发展前景，便会果断地下定推行的决心，并以坚强的意志将新业务执行到底。

这种坚强的意志往往会感染企业的每一位员工，从而激发出他们的工作积极性。而他们在明确工作目标以后，在积极性的促使下会全力以赴地工作，以使新业务顺利展开，致使企业发展的势头非常强劲。

在王健林看来，只要企业管理者在风险面前不退缩，不推卸责任，从企业发展的角度出发，用坚强的意志作为支撑，果断地采取应对措施，他就一定能带领员工走出风险，走出被风险"诅咒"的怪圈。

由此，王健林有这样一个结论：企业管理者缺少坚强的意志，也许是导致这些企业倒闭的原因之一。

根据多年对企业经营的研究，王健林知道，当那些出现危机的企业面临倒闭危险时，该企业的管理者虽然不想看到如此境况，也为此付出更多的努力，但由于他们缺少挽救企业的决心和意志，就会被困难吓退，从而无法坚持到最后，甚至有人会自暴自弃，最终导致企业倒闭。

坚强的意志、强烈的使命感，是推动企业跨越障碍的关键。企业管理者在打造一支卓越团队的过程中，使命感是一个不可或缺的要素。

王健林觉得，树立员工的使命感远比培养几个人才重要，使命感可以让一个人变得成熟、强大，而在强大的使命感支配下，不仅可以充分调动起企业员工对工作的高度责任感，还可以激励他们站在企业的高度，重塑格局。

在王健林眼里，有些优秀的企业管理者在创办企业之初，或许并没有意识到自己会有多大的理想和抱负，可能只是受利益的驱动，一心只想解决生活上的困难，而无论是出于什么动机，他们都走上了创业之路。

只是，仅仅有这种主观上的动机还远远不够，无法将企业做强、做大。只有当管理者从无意识状态转变为有意识的使命感之后，才能将使命感灌输给自己的团队，带领团队向既定目标努力。要知道，使命感是一个团队取得成功的关键。

美国著名的哈佛商学院和沃顿商学院，为入学新生安排的第一堂教育课颇为相似——商业道德与商业使命，企业管理者的使命与道德。尽管使命是每个人与生俱来的，但这两家教育机构还是在有意识地启发和引导学生们不断树立自己人生的使命感。

由此观之，企业的员工是否拥有使命感，直接关乎到企业赋予每一名员工的责任与义务——企业的终极目标管理。

企业员工的使命感，会直接影响企业是否能将所有员工的动力转化为动能，从而成为推动企业向前发展的原动力。对企业而言，使命就是企业发展的蓝图，是企业管理的最终目的；对员工而言，使命就是完成自己人生的理想与愿望。

王健林认为，企业管理者只有让团队中的每一名成员具有使命感，并且通过引导的方式将其上升到企业的高度，才能增强企业的核心竞争力和凝聚力。

13
思百年，行百年

政商互动，贯彻党建

作为颇具影响力的公众人物，王健林的公共形象相对简单，他既不像马云那样频繁"曝光"，也不如王石那样对公共话题有强烈的兴趣。

不过，在漫长的商业航程中，长期的审慎和首富的光环，能让王健林一直避开各种暗礁吗？

人们喜欢将那些站在镁光灯下的企业家的言行进行对比，对象大部分都是王健林的朋友和同行。中国最富有的企业家群体，虽然有不同的成长背景和理念，但他们都在以某种方式与政治"互动"。

被媒体评为"地产大亨""中国足球界的阿布"的许家印，作为全国政协委员也是个喜欢"建言"的人，他提出的"两会"话题涵括了足球改革、足球人才培养、控制房价、改造城中村、改革捐赠机制等。如2012年许家印在关于中国足球改革的提案中，痛斥中国足球体制落后、伪职业化、商业运营极差、球场等硬件设施严重不足、足球人口极度匮乏等。

而在公共议题上有"任大炮"之称的任志强，也经常在参政议政时"语出惊人"。如2014年两会期间，他曾对房价提出看法和意见："中国不应该征收房产税，因为中国的土地不是归属个人。中国的房产税不包含土地，而农村土地、集体土地都应该收税，所有的土地收益都应该收税。"

另一个经常在微博上与任志强互动的地产大亨潘石屹，更是公共领域的明星企业家，他的参政议案曾被批"代表了自己的利益"。2009年的北京两会上，潘石屹曾有三个建言，"第一，建议降低商业物业出租税；第二，建议北京市取消'两限房'；第三，让土地交易市场更加透明化。"事后有人认为，潘石屹议案中"降低商业物业出租税、让土地交易市场透明化"等内容都涉及到他个人公司的利益关系。他的言论，首先是为了确保个人利益，其次才是行业利益。也许是在舆论上吃了亏，潘石屹最近几年的议案都比较贴近民生。2013年，他转而关注环保问题，自己出资购买仪器，监测空气中PM2.5值，并呼吁大众关注环境；同时建言出两套房产税，让百姓可自选按面积或按套数收取。

这些富豪代表们的一举一动，总能引起人们的兴趣和话题。纵观最近几年的民营企业家提案和建议，"四平八稳"逐渐取代过去的"雷人言语"，出风头不再是王健林等委员和代表们所追求的效果。

参政议政的房地产商们，也在尽量减少有关自己本身的话题。政治身份与商人本色，这样的双重身份犹如一把双刃剑，除了能带来更有利的助力之外，也可能埋下更多的隐患。中国的企业家委员们与国外专职议员相比，更能引发大众对其社会责任和个人利益的质疑。

对于王健林这样的地产富豪们，如何能在政商两界之间的夹缝之中寻得自己的容身之处，直到今天他们依然处于不断摸索的过程中。除此之外，随着经济社会的转型，未来或许风险重重。

就企业与政府之间的关系，王健林曾在接受一家媒体采访的时候说过："你不要想着跟某人成为利益团体，成为哥们，万达之所以能应对政治风浪，就是一条：做好自我保护。"

万达的成功并不依附于政府，而是依靠王健林对政治的正确理解，在企业的日常管理中，他十分重视集团内部的党政建设。

28 层楼高的万达大厦，坐落于大连市中心的中山区政府附近，2008 年之前，这里一直是万达集团的总部，王健林曾在这里的顶楼工作 6 年。如今，除了位于 28 层的万达房地产大连项目管理处和 13 层的集团党建基地，其余的楼层均已售出，可见王健林将党政建设作为了万达集团必不可少的组成部分。

2013 年 11 月，《博客天下》记者曾因为采访万达而造访过这里。基地的"留守人员"于丹说，万达大厦在 2002 年开始投入使用，那一年，万达集团刚开始做商业地产，虽然只有 100 多名员工，但却建了这栋 28 层高的大楼，"在当年，这楼也算是大连的地标性建筑"。

2008 年，万达总部迁至北京，只留下于丹一个人维护 13 层的党建基地办公区。这1300多平方米的使用面积，向外人展示着万达自成立来留下的一个个踏实的脚印，最夺人眼球的是王健林与多位国家级领导人的合影，除此之外还有过百张万达党员参加各种集团活动、培训时的合照。在集团的发展历史中，党建活动贯穿始终，成了万达的一根坚实的精神支柱。

这层楼给人的感觉是设计上大气。出了电梯就能看到一副巨型的王健林的照片，铺满了一整面墙。照片的主色调是鲜红色，图片的黄金分割点上，王健林作为十七大代表在会上发言。他身后整个会场的座席成了照片背景，无数张十七大代表的面孔因为镜头的拉伸而变得模糊。照片的右侧是大片留白，鲜红色的底板上用金黄色字体写着王健林的"感悟"："没有共产党就没有改革开放，没有改革开放就没有民营企业，没有民营企业就没有万达的今天。"

一个可以容纳几百人的放映室，随时准备接待外地前来"朝圣"的中小型民营企业家。参观者只要提前预约，就可以在这里观看一部万达的纪录片。片子的前10分钟是万达的"发家史"，而后半段则是讲王健林如何投入巨款进行党建活动。

"没有一个企业，尤其是民营企业会花这么多精力和财富去搞党政建设，万达是个个例，这里的党建工作甚至比很多政府机构搞得还要严肃认真。"于丹解释说，万达经常作为民营企业之中党政建设的正面典范，接受各级政府机关党政工作人员的观摩和学习。过去两年，来这里参观过的政府官员中，有中央组织部的高级官员，有全国党建委员会的领导，也有辽宁省委副书记。

根据企业宣传片里提供的资料，万达集团每到一个新的城市发展项目，都会在项目公司建立党组织部，与项目部等核心部门平起平坐。据内部人士透露，在万达，入党是一件非常重要的大事，"党员从福利待遇到职业发展方面比非党员有更大的优势。这种作风在全国的民营企业单位中实属罕见。"

万达对党建工作的重视，也体现在每年的常规活动中。2010年，在万达长白山项目所在地，时值建党89周年，万达58名新发展起来的党员聚在杨靖宇烈士陵园宣誓；2011年"七一"建党节，90名新党员又包机飞到江西吉安，在井冈山举行入党仪式。

王健林在党建工作方面的大手笔，还直接体现在这个拥有1300多平方米的楼层。参考其他卖出去的楼层价格，这一层楼总体价值近4000万元。外人可能无法想象，一处价值几千万的地产仅仅是用来陈列各种党建活动的照片和奖状，这表明王健林对党政建设的重视。

不仅如此，据了解，王健林之前曾计划将这个党建基地搬迁到更中心、更繁华、建地面积也更大的万达中心办公楼，但是后来因为集团总部搬到北京，这个计划暂时搁浅。

万达总部党政办公室的张先生到大连出差时，也讲了几个颇能体现王健林在党政建设方面大手笔的细节：万达每年都会定期组织准备入党的员工参加党政学习，目的是让他们了解党史、党章、党情以及党的基本思想。而到了每年的建党节，万达也会举行隆重的庆祝活动，评选前一年的优秀党员员工，并给予丰厚的奖励。

张先生说，在万达学院中，党政知识培训也是必不可少的内容，内容包括了政府政策解读等方面。"这样做的民营企业在全国没有第二家。"

在张先生看来，这么做的原因很简单，即体现万达努力与党的基调保持一致，以及顺势而为的经营理念。"前些年国家鼓励发展商业地产，万达就建商业地产，最近国家想发展文化产业，万达就大规模开建文化地产项目，董事长所走的每一步都是和国家的战略政策保持高度一致，他希望自己的态度能够营造一个更好的政商关系。"张认为，王健林这样的举动，与他之前在政府工作的经历有着千丝万缕的联系。

"了解政策，跟随党的步伐，搞好政商关系，是万达发展的基础。"王健林的这句话十分恰当地体现了万达与政府之间亲善和睦的关系。

另一位万达总部员工也透露，王健林每天都要阅读党政报刊，研究新的政策方针。

因为用心而巧妙的经营，王健林也得到了政府的认同和嘉奖。2012 年 3 月 21 日，在全国非公有制企业的建设工作会议上，他受到国家领导的接见；次日，王健林作为少数几位嘉宾之一，被邀请参加党建工作的座谈会，分享自己在企业党政建设中的心得；同年 4 月 10 日，他作为"中华慈善奖"的获奖代表受到国家领导人的接见。

显然，与国家政策步调一致，保证了万达不会"误入歧途"。

亲政策、远政治

万达在党建方面的积极态势不容置疑，而作为全国政协委员的王健林，也与很多只知举手赞成的社会名流或企业家不同，他恰如其分地发挥着自己的个性，利用他的公众名声，在有限的政治空间里发挥着无形的影响力。

王健林曾在 2012 年的两会上直言，自己在前一年两会上提交的一份提案非但没有通过，反而被财政部敷衍了事。这件事，直到现在仍然被很多跑两会的记者津津乐道。

事情经过大致是这样的：2011年的全国两会上，王健林提交了一份建议减少奢侈品进口关税的提案，且为了保证提案的权威性和事实性，他个人出资过百万元聘请尼尔森公司在境外进行调查，收集统计了中国奢侈品消费的数据。这份提案建议税务总局、海关总署在商务部的带动下，联合出台政策，以减少奢侈品进口关税，将日益扩大的中国奢侈品消费群重新吸引回国内，增快中国经济转变的速度。

当然，此提案也并非石沉大海、毫无音讯，王健林曾透露，这份提案受到一些领导的认同和支持，"遗憾的是，这个建议未能落实"。在2012年两会后，相关部委也专程发函对他在国家财政问题上的关注表示感谢，但之后表示，"关税并不是奢侈品价格高的原因，经过测算，关税成本平均只占零售价格的2%左右。"

"他们是在糊弄我。"王健林如此形容看完复文后的心情，"我是很认真地准备这份提案，若是能够降低奢侈品进口税，把中国人海外购物的部分需求引回国内，对于扩大消费、增加就业都是有益的。"

组织机构在下发每一份提案的同时，为保证充分解读提案以及充分重视每位委员的建议，都附有一份批复处理的反馈，分为"相当满意、基本满意、不满意、很不满意"，王健林二话不说，在"很不满意"一栏画上了勾。这件事的后续是，财政部方面最终站出来针对此事给出了解释，但是王健林并没有表现出对"解释"的满意。

实际上，政协委员的建言、提案的质量与行政机构的回复和诚意，类似交锋在近年来的两会上已经成为热点现象。虽然对两会提案的结果并不满意，但是王健林仍一如既往地积极履行着参政议政的角色。

在"炮轰"财政部的 2012 年两会上，王健林给出的提案则是《对首次置业和首次改善型置业贷款恢复 7 折优惠利率》。

"促进房价合理回归"是政府当年调控的新口号。不过，王健林认为，"即使全国房价平均下降 20% 左右，老百姓也得不到什么好处"。因为降价的同时，在国家对房地产行业实行宏观调控的大背景下，各家银行先后取消了首套房贷利率可享受 7 折优惠的政策，这样非但没有减轻购房者的负担，反而让一部分人的购房道路更加坎坷。

在王健林看来，在这一轮涉及政府、房地产商、购房者、银行几方利益的宏观调控中，除了银行笑到了最后，其他各方均未得利。

王健林并没有直接表达对房地产调控政策的异议，而是在认同的前提下，希望银行能恢复置业贷款的优惠利率，刺激中产阶层的住房消费，让购房者得到更多实惠，活跃房地产市场。此足见王健林对政府导向和大众意图有着极为敏感和正确的感知。

而在王健林还没有获得首富称号之前，其实就已经提交了几份颇有分量的提案。

2008 年，在全国第十一届一次政协会议上，王健林提交了一份名为《关于建立全国性政策性中小企业银行》的提案，这一提案受到了希望推动金融体制改革的学界的重视。

3 年之后的两会上，王健林又提交了《紧缩政策下更要保护中小企业的金融需求》的提案，在货币紧缩形势下，呼吁有关部门采取有效措施解决中小型企业融资难的问题，避免金融紧缩政策再次伤及这些企业，保护中小企业的生存发展。

两会过后，工信部副部长苏波在一次会议上表示："工信部将在中小企业集聚的区域建立、充实和完善公共服务平台……鼓励中小企业融资性担保机构的发展，重点推进省级中小企业融资性再担保机构和担保基金的设立，健全多层次中小企业信用担保体系，多途径、多渠道缓解中小企业担保难、融资难的问题。"

但令人遗憾的是，王健林长期的奔走相告并没有解决中小企业融资困难的现状，它们的生存环境依旧十分严峻，缓解措施的进展也很缓慢。行动与政策脱离，实际与规划脱离，中小企业的发展仍需各方不断努力。

王健林针对扶植保护微型企业，在 2012 年又提出了一个重要的提案。这次他吸引了更多的目光，不仅因为他的积极呼吁，更为他直指财政部的勇气。

"我认为这个问题实施的关键在财政部，不在税务局，也不在发改委和工信部。"王健林谈到，国家 90% 的税收都是由大型企业缴纳，而全国上下所有的微型企业合计也不过缴纳了 1%。"1% 的税收考虑减免，对于国家财政并没有大的影响，何况国家财政每年都是两三倍预期增加，完全可以消化这个成本。但是如果能够给出一个长期的政策，对于从业者而言就减去了相当大的负担。""如果很多人听说不纳税了，就会积极投入创业，增强国家经济活力。"

对于自己政协委员的身份，王健林说，作为新的社会阶层，民营企业家不仅仅要有善心、行善举，更要有社会责任感，要积极参与政治，发挥自己对国家民主政治的担当，这才是新社会阶层的责任所在。

除了对国家机关的尖锐批评，王健林也多次表达经济环境对企业家精神的遏制。令他忧心忡忡的是，虽然 20 世纪 80 年代的商界风起云涌，第一代企业家普遍都是摸着石头过河，但其中不乏魄力非凡的商业"枭雄"，但是现在的中国却越来越难以出现优秀的企业家。

他说："中国现在最大的问题还不是经济增长快一点或慢一点，最大的问题是企业家精神的流失。80 年代末 90 年代初的时候，很多官员、军官、教授都会勇于下海闯荡做生意求发财。而现在很多人都没有这个勇气，中国的创业环境、舆论环境、资本环境、制度环境，都越来越有利于大公司发展，不利于小的创业家出现。"

眼下，越来越多的企业家看重的是享受，他们不再执着于事业上的成功与进步，而是取得一点成绩后就全身而退，抛下自己曾为之奋斗的企业。见此情景，王健林往往十分痛心和惋惜。"当大多数企业家都不再有奋斗精神，都卖掉公司去享受的话，那这个国家就完蛋了。"

正是这种忧患意识，支持着王健林始终努力地参政议政，试图推动调整相关政策，希望能有一个合适的环境帮助企业家和创业者。除了以政协委员身份在两会这个正式场合建言，平日里，王健林也经常通过媒体表达对民生、房价等热门话题的看法。

自 2014 年以来，全国楼市进入了低迷期，成交量也一再下滑，某些一线城市甚至出现成交量"腰斩"现象，人们不禁将其与之前楼市"崩盘"的传言联系起来，即便是同为房地产大佬的王石也预测，中国市场在这一年"非常糟糕"。

对此，2015 年 2 月王健林表示："今年出现崩盘的论调只是原有论调的一种延续。"他始终保持着自己的看法。早在 10 年前，就有论调声称中国楼市要崩盘，其中不乏一些专业人士和著名经济学家。但是 10 年过去了，崩盘从来没有真正发生。

王健林显然对政府调控非常有信心："中国的城镇化率还不到 40%，十八届三中全会后的新型城镇化工作会议，国家首度把城镇化作为国家经济发展的重要支柱，作为推动国家发展的主要动力。"

当然，这些时候，王健林的发言身份有些模糊，更像是开发商为自己所在的行业利益鼓劲。亲近政府、远离政治，是王健林在政商关系上的基本策略。

而作为政协委员的王健林，积极而不激进地对公共事务的发言，恰当地展现了他的在场意识，应该说，他把这两种策略都经营得恰到好处。

予人玫瑰，手有余香

通过商业地产、文化产业长期经营获得巨额财富的王健林，其实还有另一张面孔——他是一个慷慨的慈善家。

在王健林领导下的万达，一向注重宣传自己在慈善和公益上的贡献。在万达的官网上，公司和董事长个人在慈善界领取的大小奖项被归为"企业荣誉"的类目下，并被显著标识。

2014 年 8 月 3 日，云南省昭通市鲁甸县发生 6.5 级地震，万达在第一时间召开会议，立即决定向灾区捐款 1000 万元。

面对灾难，万达已经多次挺身而出。2008 年汶川大地震中，万达第一时间捐款 500 万元，之后不断追加，最后的捐款总额达到了 3.59 亿元；2010 年，云南、广西、四川等西南五省市遭遇世纪大旱，万达捐款 4000 万元；仅一个月后，2010 年 4 月，青海省玉树藏族自治州玉树县发生 7.1 级地震，万达又向地震灾区捐款 1 亿元。

自万达成立以来，20 多年间共向社会各界捐款金额累计超过 37 亿元，是中国民营企业中慈善捐赠额最大的企业。万达曾 7 次获得中华慈善奖——这是一个由民政部颁发的奖项，万达是获得该奖项最多的民营企业。

王健林在公益和慈善领域的贡献，也让他获得了很多社会性荣誉。他担任着中华慈善总会的荣誉会长，曾获得国务院颁发的"全国扶残助残先进个人"称号和中共中央、国务院、中央军委颁发的"全国抗震救灾模范"称号。

王健林也在积极推动慈善领域的理念和制度创新。2013 年，王健林推出"万达集团大学生创业计划"慈善项目。该项目计划运行 10 年，到 2023 年截止，共投入 5 亿元人民币。每年挑选 100 个优秀的创业团队及个人，为每个创业项目提供 50 万元的起动资本，年投入 5000 万元。

慈善没有终点，而万达不断发展壮大的过程，一直能看到王健林热衷慈善的身影。他说，万达集团上市后，"捐出个人 90% 的万达商业地产股份，创建慈善基金"。目前这一计划已开始实施。

2014 年，王健林已经向民政部进行申报，即将成立的"王健林基金会"不仅拥有雄厚的经济背景，也将聘请高素质的专业人士进行运作。王健林表示，要做全球规模最大的基金会，资金规模逾千亿元，直追目前全球首位的比尔与梅琳达·盖茨基金会。

跟曹德旺、陈发树等人相比，王健林在公司上市前即为慈善做出制度铺垫，在慈善理念上领先了一步。连续 3 次获得全国慈善总会"中华慈善奖"的王健林，很可能会开辟出新的慈善路径。他曾希望人们叫他"真正的社会企业家"，在赢得"中国首富"的桂冠后，他的下一个目标应该是"中国首善"。

引爆"正能量"

"万达"名号的响亮，自然源于万达集团的成功。万达集团的成功，除了它商业上的成就外，与其热心公益和慈善也是分不开的。在媒体和公众的眼中，万达集团是一个十分有社会责任感的企业——万达不仅将"共创财富，公益社会"作为企业文化的一个重要理念，还切实地付诸于行动，将其作为企业的使命。

此外，万达还树立了"物的价值低于人的价值，个人的价值低于企业的价值，企业的价值低于社会的价值"的核心价值观。也就是说，在万达，社会价值高于一切价值，当个人的利益、企业的利益与社会的利益产生矛盾时，万达要服从社会的利益。万达一直强调企业要承担社会责任，这主要体现在以下四个方面：

第一，万达从创业之初就十分重视慈善捐助。

万达在企业刚刚成立两年的时候，就对社会进行了捐款。当时，仍处于起步阶段的万达并没有太充裕的资金，然而当得知大连西岗区想要建设教师幼儿园却苦于没有资金时，王健林咬牙从自己并不宽裕的现金流中拿出 100 万元捐建幼儿园；1991 年，万达又出资 200 万元建设大连人民广场，将广场中的水泥路改建为草坪广场。

当时，万达还购买了草坪喷灌设备。那时国产的喷灌设备只需要70万元，但这种设备使用年限短，王健林得知这一情况后，毅然决定购买进口的铂金喷灌设备——这个设备可以使用30年以上，还是由电脑操控的，技术比较先进，但其价格却高达200万元。从现在来看，王健林的决定十分明智——这个进口的喷灌设备已经使用了22年，依然完好无损。

1993年，万达为了资助建设西岗体育馆，捐出2000万元，在当时，这笔钱绝对如天文数字一般，可王健林更在意万达对大连的建设。

随着万达的发展壮大，其慈善事业也越做越大。2010年8月，甘肃舟曲发生重大泥石流灾害，得知这一消息后，万达立即召集企业的决策层，对此事进行商讨。最后，万达决定通过中华慈善总会向舟曲地区捐款1000万元。

据了解，万达捐出的这1000万元是舟曲自发生灾害后收到的第一笔巨额捐款。从中可以看出，只要国家有需要，万达必会冲在前头，这体现的是万达对祖国的深爱、对道义的坚守。

第二，万达把教育作为慈善重点。

万达自创立以来，先后在全国捐建了40多家希望小学和中学。比如，万达捐建的华府中学，其实原本想要建为小学的，但经过调查发现，西岗地区的小学过剩，缺少中学，于是万达决定多投资5000万元，将其建成中学——华府中学建在大连市的中心，处于黄金地段。

不仅如此，万达还为华府中学建设了游泳馆、网球馆以及室内体育场。作为一所中学，能够拥有如此多的运动场，这在全国并不多见。

2003 年，万达还为长春师范大学附属中学捐了 5000 万元建设资金，建成后，该中学的占地面积达到 4 万平方米，并设有 48 个班级。

万达也曾为几所大学进行了捐款。比如，1994 年，万达就曾捐给大连大学 5 亿元。由于当时大连理工分校、大连医学、师范等学校合并而成的大连大学刚刚成立不久，很多设施没有达标，所以被教育部予以黄牌警告，并取消了大连大学的招生资格。鉴于这种情况，大连市政府希望万达作为大连市的先进企业，能够为大连大学捐款，尽快把大连大学的新校园建设起来。

万达当时面临着很大的压力，但最终仍克服了种种难题，将其新校园建设起来了。之后，万达又陆续为大连大学捐了 2500 万元。

显然，不管是投资建设中小学，还是对大学进行捐款，从万达的这一系列慈善捐款中可以看出其对教育事业的重视程度。

第三，万达把员工行善视为成绩。

在万达，员工行善与业绩挂钩，也如为公司作出贡献一样会得到公司的重用和奖赏。对此，万达还出台了一些奖励规定以及标准。

公司有一名叫杨颖的职员，他在万达的物业部门工作。刚来这里工作时，他每个月的工资仅有 1000 多元。尽管工资不高，但他仍然会抽出精力去做一些善事。

周末的时候，他会到"爱在海边儿童村"，免费为这里的儿童上课。由于这里距离大连市区很远，每次来这里，杨颖都要花费好几个小时，坐多次公交。

为了能够更方便地照顾"爱在海边儿童村"的儿童，杨颖搬了好几次家，每一次搬家都是为了便于乘车到儿童村。就这样，杨颖默默地对"爱在海边儿童村"的孩子进行义务教学。直到两年之后，同事将他的事迹在公司举行的演讲中说了出来，他的义举才被公司的高层得知。随后，他的工资翻了倍，还被提升为物业部副经理。

当然，这并不是万达的个例。万达还有很多像杨颖这样的员工，万达南昌地产公司的李建民也是这样一个人。

李建民是这家公司的副总经理，他坚持做好事有10多年，还资助过几十个失学儿童，但是，他从来没有对别人讲过这些事。

一次，李建民外出办事，经过赣江大桥时，看到一辆面包车翻到了江堤下。当时看到这起车祸的人很多，也有很多人围观，却没人伸出援手。见此状况，李建民立即下车，跳下江堤救人。当天正下着雨，大堤有十几米高，又陡又滑，救人的难度很大。可李建民并没有放弃，他使劲全身力气，手脚并用，连抬带拖，总算将人救了上来。

巧合的是，在当天，正好有南昌电视台的媒体记者路过，他们将李建民救人的场面拍了下来。之后，南昌电视台播放了这段视频，李建民救人的义举也被万达高层知道了。后来，万达在深入了解李建民时，发现他已坚持做了10多年的好事，也知道他捐助几十名失学儿童的事，这令万达高层敬佩不已——一个人偶尔做好事很容易，但十年如一日地坚持做好事就不简单了。

为了表彰李建民，万达在集团年会上请他发言，对他进行了表扬，并号召全体员工向他学习。不仅如此，李建民的工资还晋升了一级，被提拔为总经理。

通过对做好事的员工的奖励制度，也可以看出万达强烈的社会责任感。

第四，万达的员工在慈善方面已"蔚然成风"。

很多企业都存在这种情况：公司的老板在社会上进行慈善捐赠，但是，公司的员工对此却不怎么积极。其实，慈善并不仅仅是企业老板一个人的事，更要在公司内形成一种慈善蔚然成风的气氛，让所有员工都心存爱心。

万达的企业文化就是要"公益社会"，承担社会责任，在这种企业文化的熏陶下，万达员工的慈善行为比比皆是。犹如传承一般，每年产生的新党员也都遵循着这股风气，主动捐助贫困山区、资助失学儿童。不仅如此，万达的每一个子公司都成立了义工分站，每一个万达员工每年至少做1个小时的义工。

一个个现实的例子已经足以说明万达对社会责任感的重视。万达不仅在国家需要的时候义无反顾地挺身而出，用慈善感动中国，更重要的是，其十分重视企业员工的慈善行为。也正是因为万达的重视和支持，才使得慈善之风在万达盛行，并形成了一种强势的企业文化，经久不衰。相信在这种企业文化的引领下，万达"百年企业"的大梦终将实现！